Maria Edelmann / Marion Kromer

Hans Joachim SCHÄDLICH

# Der Sprachabschneider

rotfuchs

rororo

**Unterrichtsideen und Kopiervorlagen für die Sekundarstufe I**

LESEREIHE

8. Auflage 2022


Autor*innen: Maria Edelmann, Marion Kromer
Umschlagfoto: Cover Hans Joachim Schädlich: Der Sprachabschneider © Rowohlt Verlag GmbH.
Illustrationen: Amelie Glienke, Gisela Specht
Satz: tebitron gmbh, Gerlingen
Druck und Bindung: Korrektnyomdaipari Kft., Budapest
ISBN 978-3-403-**04395**-9

www.auer-verlag.de

# Inhalt

# Zum Umgang mit der Unterrichtshilfe

„Hütet euch vor Sprachabschneidern!“, schrieb der Autor Hans Joachim Schädlich in einem Brief an belgische Schüler. In diesem Zitat steckt in Kürze die Botschaft des Buches „Der Sprachabschneider“, in dem der verträumte Schüler Paul sich unüberlegt auf ein Tauschgeschäft mit „Vielolog“ einlässt: Sprache gegen Hausaufgaben! Dabei muss er erfahren, dass Sprachlosigkeit in die Isolation führt.

Schülern der Sekundarstufe gelingt es leicht, sich mit dem Protagonisten zu identifizieren, da die dargestellte Lebenswirklichkeit weitgehend die ihre ist. Zudem wirken der geringe Umfang und das ansprechende Layout auch auf Wenigleser motivierend. Grammatische Phänomene werden auf unterhaltsame Weise in ihrer Funktion innerhalb der Kommunikation deutlich. Dies geschieht an keiner Stelle trocken oder gar belehrend, sondern bleibt stets spannend und lustig. So findet bereits durch die Lektüre selbst integrativer Deutschunterricht statt.

Diesen Aspekt des Buches greift die Unterrichtshilfe auf, indem sie Möglichkeiten schafft, alle Arbeitsbereiche des Faches Deutsch in die Behandlung der Ganzschrift mit einzubeziehen. Jedes Kapitel des vorliegenden Bandes ist einem Arbeitsbereich zugeordnet und ist stets gleich aufgebaut: Nach didaktischen Vorbemerkungen und konkreten Hinweisen für die Lehrkraft findet sich eine Vielzahl an Kopiervorlagen.
Es ist abhängig von eingeübten Arbeitsformen und dem damit verbundenen Maß an Eigenständigkeit, auf welche Weise diese den Schülern zugänglich gemacht werden.
Prinzipiell sind die Aufgaben jedoch so konzipiert, dass sie in Phasen Freier Arbeit von den Schülern selbstständig bearbeitet werden können.
Zielgruppe sind dabei die Klassenstufen 5 und 6, wobei eine Behandlung auch in den Klassen 4 und 7 durchaus denkbar ist.

# 1. Lesedetektive unterwegs im „Sprachabschneider“

## Didaktische Vorbemerkungen

Neben der Vermittlung von Lesefreude ist die systematische Vertiefung von Lesekompetenz ein übergeordnetes Ziel des Deutschunterrichts. Es kommt darauf an, gezielt Informationen aus Texten entnehmen zu können und sich differenziert mit ihrem Inhalt auseinanderzusetzen. Dies muss stufenweise eingeübt werden.
Von der direkten Entnahme einfacher Informationen über das Erfassen der Textaussage gelangt der Leser schließlich zur Fähigkeit, Texte zu reflektieren und in Bezug zur eigenen Realität setzen zu können.
Beim Umgang mit Texten muss es stets auch darum gehen, den Schülern ihrem Alter entsprechend Strategien zur Bearbeitung und Erfassung an die Hand zu geben. Dabei ist es wichtig, dass diese Strategien den Schülern auch als solche bewusst gemacht werden. Nur dann können die Kinder selbstständig auf jeweils passende Techniken zurückgreifen.
Durch ein abwechslungsreiches Angebot an Aufgaben, das sich nicht auf das Frage-Antwort-Schema beschränkt, können die Schüler immer wieder aufs Neue motiviert werden, sich wiederholt mit dem Text auseinanderzusetzen.
Bei der Informationssuche im Internet muss es nicht nur darum gehen, Schülern die Handhabung des elektronischen Mediums zu erleichtern, sondern sie im Umgang mit dem umfangreichen und vielfältigen Textangebot zu schulen. Nur so kann ein verantwortungsvoller und effizienter Einsatz des Internets gewährleistet werden.

## Impulse und Ideen für die Lehrkraft

Da das Buch keine Kapitel aufweist, werden folgende Leseeinheiten empfohlen:

**Leseeinheit 1: Seite 7 – Seite 23**
Einführung von Paul und Vielolog
Die erste Begegnung

**Leseeinheit 2: Seite 24 – Seite 32, 2. Zeile**
Der erste Tausch
Die Folgen des ersten Tausches

**Leseeinheit 3: Seite 32, 3. Zeile – Seite 42, 6. Zeile**
Der zweite Tausch
Die Folgen des zweiten Tausches

**Leseeinheit 4: Seite 42, 7. Zeile – Seite 46, 3. Zeile**
Der dritte Tausch
Die Folgen des dritten Tausches

**Leseeinheit 5: Seite 46, 4. Zeile – Seite 58**
Paul will seine Sprache zurück
Problembewältigung und Lösung

Die Aufgaben sind allesamt so konzipiert, dass sie von den Schülern selbstständig bearbeitet werden können. Wenn nicht anders ausgewiesen, muss die jeweilige Leseeinheit gelesen sein, um die Aufgaben dazu bearbeiten zu können.

Manche Aufgaben sind differenziert aufbereitet, sodass die Lehrkraft oder eventuell auch die Kinder selbst entscheiden können, wer welche Aufgaben bearbeiten kann. Für die Internetaufgaben müssen die Schüler und Schülerinnen bestimmte Grundfertigkeiten mitbringen und sollten den Umgang mit (Kinder-)Suchmaschinen gewohnt sein. Nützliche Links hierzu findet man mit dem Suchbegriff „Kindersuchmaschine“. Die PowerPoint-Präsentation bietet in Klassen, die damit vertraut sind, eine Alternative zu den herkömmlichen Präsentationsformen.

# Der Sprachabschneider (Leseeinheit 1)

Diese Aufgabe kannst du nur bearbeiten, wenn du noch nicht mit dem Lesen des Buches begonnen hast.

1. „Der Sprachabschneider" – ein seltsamer Titel für ein Buch, findest du nicht auch? Überlege, was wohl hinter dieser Bezeichnung stecken könnte.
2. Notiere deine Überlegungen:

# Auf Spurensuche (Leseeinheit 1)

1. Suche dir einen Lesedetektiv, mit dem du gerne zusammenarbeitest.
2. Geht gemeinsam im „Sprachabschneider“ auf Spurensuche und verschafft euch einen Überblick über die Lektüre. Blättert dazu in eurem Buch und sucht folgende Informationen:

**Titel:** ______________________

**Seitenzahl:** ______________________

**Verlag:** ______________________

**Auflage:** ______________________

**Jahr:** ______________________

**Autor:** ______________________

**Illustratorin:**

______________________

**Mein Lieblingsbild:**

**Seite** ______________________

**Preis:** ______________________

**Bestellnummer:** ______________________

# Fragen für clevere Detektive (Leseeinheit 1)

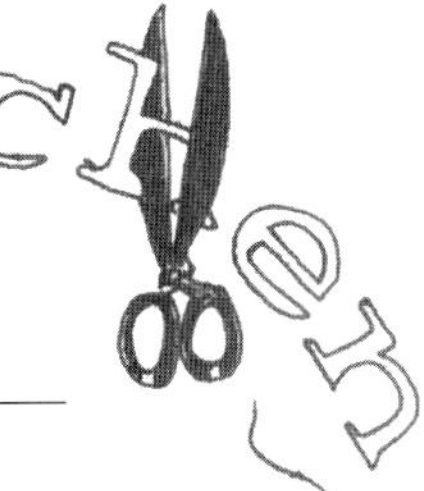

Du hast Leseeinheit 1 gelesen und kannst nun bestimmt die folgenden Fragen beantworten:

1. Was sagt Pauls Mutter jeden Morgen, wenn sich Paul auf den Schulweg macht? Achte auf die richtige Zeichensetzung.

2. Paul schaut gerne in die Wolken. Auch an diesem Morgen kann er viele Dinge in ihnen erkennen. Schreibe sie in der richtigen Reihenfolge auf.

3. Paul läge gerne in dem Wolkenbett. Er würde nicht schlafen, nur *dösen*. Was ist der Unterschied zwischen *schlafen* und *dösen*? Schlage in deinem Wörterbuch nach und notiere auch die Seite.

4. An was erinnert Paul das Klingeln der Straßenbahn?

5. Die Straßenbahn stampft und schlingert. Findest du die Bedeutung von *schlingern* in deinem Wörterbuch?

6. Das „Autoboot“ hinter der Straßenbahn ist *froschgrün*. Kennst du weitere Bezeichnungen für die Farbe Grün (z. B. flaschengrün …)? Notiere sie.

7. Auf Pauls Stundenplan stehen viele Fächer. Heute hat Paul:

8. Warum vergisst Paul wohl, den Mund wieder zuzumachen, als er die Wohnungstür öffnet?

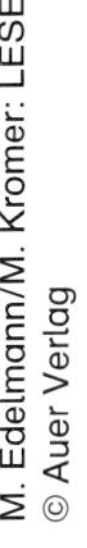

# Pauls Zeitplan (Leseeinheit 1)

Montags, dienstags, mittwochs, donnerstags, freitags und sonnabends klingelt genau neben Pauls Ohr der große Wecker – pünktlich immer zur gleichen Zeit.

1. Beschreibe Pauls Tagesablauf von 6.30 Uhr – 7.40 Uhr. Suche dazu nach Zeitangaben und den dazugehörigen Tätigkeiten im Buch und schreibe sie in der richtigen Reihenfolge auf.

**6.30 Uhr** ______________________________

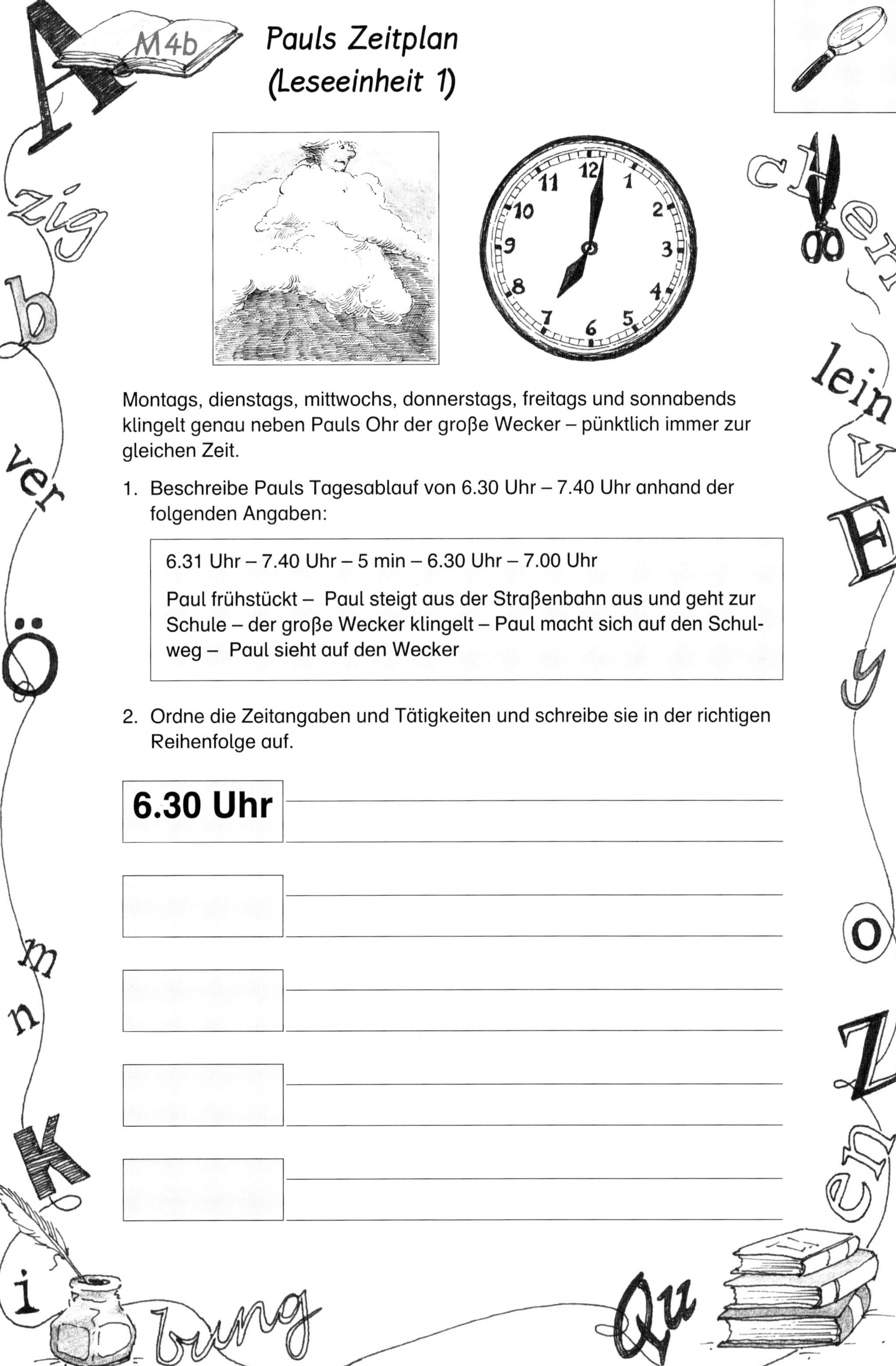

M4b

# Pauls Zeitplan (Leseeinheit 1)

Montags, dienstags, mittwochs, donnerstags, freitags und sonnabends klingelt genau neben Pauls Ohr der große Wecker – pünktlich immer zur gleichen Zeit.

1. Beschreibe Pauls Tagesablauf von 6.30 Uhr – 7.40 Uhr anhand der folgenden Angaben:

> 6.31 Uhr – 7.40 Uhr – 5 min – 6.30 Uhr – 7.00 Uhr
>
> Paul frühstückt – Paul steigt aus der Straßenbahn aus und geht zur Schule – der große Wecker klingelt – Paul macht sich auf den Schulweg – Paul sieht auf den Wecker

2. Ordne die Zeitangaben und Tätigkeiten und schreibe sie in der richtigen Reihenfolge auf.

**6.30 Uhr** ____________________

____________________

____________________

____________________

____________________

# Die Hauptpersonen: Paul und Vielolog

Ihr habt nun die erste Leseeinheit des Buches gelesen und Paul und Vielolog kennengelernt. Teilt euch in zwei Gruppen auf und sprecht über die Hauptfiguren.

## Gruppe A: Paul

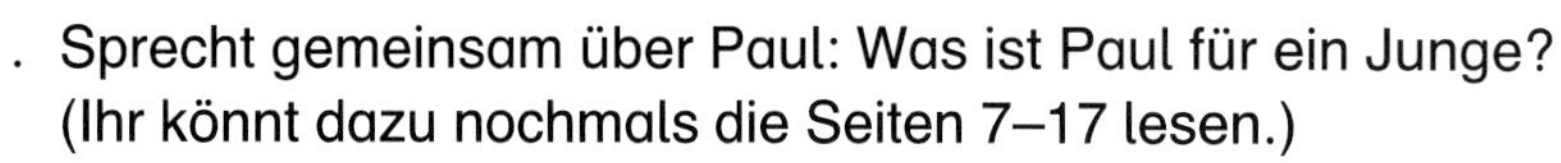

1. Sprecht gemeinsam über Paul: Was ist Paul für ein Junge? (Ihr könnt dazu nochmals die Seiten 7–17 lesen.)
2. Versucht nun, Paul zu beschreiben. Notiert euch dazu Stichworte:

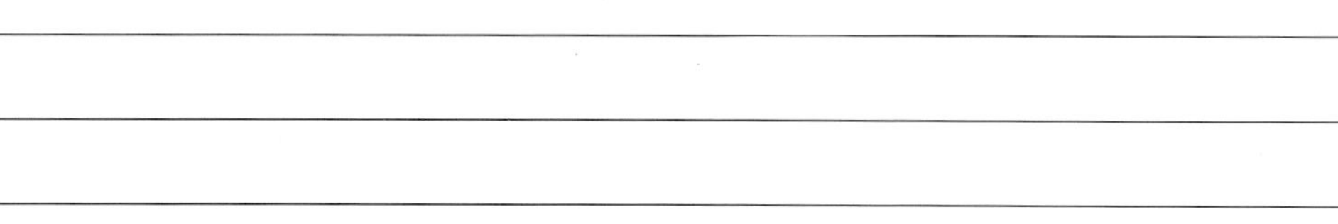

3. Gestaltet nun ein Plakat zu Paul. Die Stichworte helfen euch dabei.
4. Präsentiert euer Plakat der Klasse.

## Guppe B: Vielolog

1. Sprecht gemeinsam über Vielolog: Was ist das für ein komischer Typ? (Ihr könnt dazu nochmals die Seiten 7–17 lesen.)
2. Versucht nun, Vielolog zu beschreiben. Achtet vor allem auf die Kleinigkeiten (was hat er bei sich, wie klingt seine Stimme ...). Notiert euch dazu Stichworte:

3. Gestaltet nun ein Plakat zu Vielolog. Die Stichworte helfen euch dabei.
4. Präsentiert euer Plakat der Klasse.

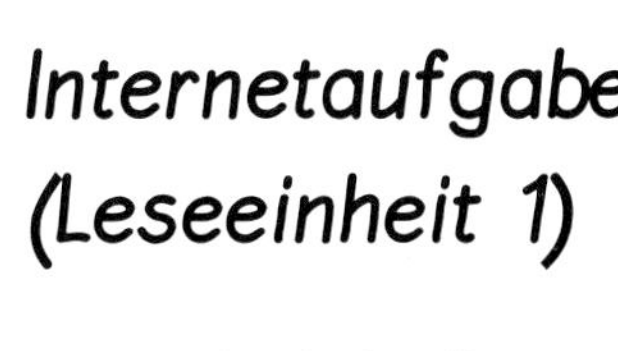

# Internetaufgabe (Leseeinheit 1)

M6

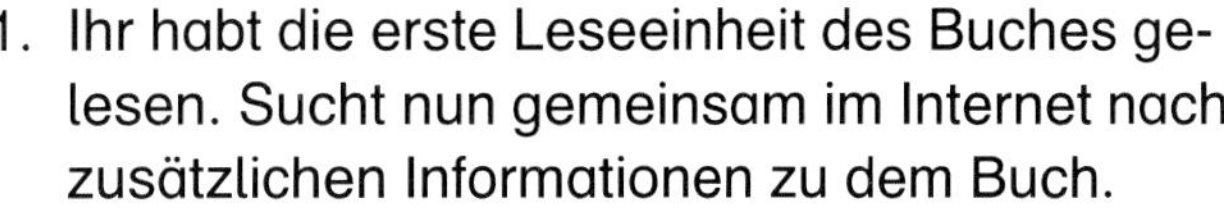

1. Ihr habt die erste Leseeinheit des Buches gelesen. Sucht nun gemeinsam im Internet nach zusätzlichen Informationen zu dem Buch.

2. Findet ihr auch Informationen über den Autor?
3. Vielleicht könnt ihr auch weitere Bilder der Illustratorin im Internet entdecken?
4. Notiert eure Informationen und auch die Seiten im Internet, auf denen ihr etwas gefunden habt.

Informationen zum „Sprachabschneider“:

______________________________________________

______________________________________________

______________________________________________

______________________________________________

gefunden bei: ______________________________________________

Informationen über den Autor Hans Joachim Schädlich:

______________________________________________

______________________________________________

______________________________________________

______________________________________________

gefunden bei: ______________________________________________

Informationen zur Illustratorin Amelie Glienke:

______________________________________________

______________________________________________

______________________________________________

______________________________________________

gefunden bei: ______________________________________________

# Knobeleien für clevere Detektive (Leseeinheit 2)

Bist du bereit für ein bisschen Knobelspaß? Dazu musst du die zweite Leseeinheit genau gelesen haben.

1. Streiche die falschen Sätze durch. Die Buchstaben bei den richtigen Sätzen ergeben das Lösungswort.

| | | |
|---|---|---|
| A | Vor der Tür steht der Mann mit dem Holzkasten. | **DA** |
| B | Vor der Tür steht der Mann mit dem Holzkoffer. | **EI** |
| A | Paul führt den Mann in sein Zimmer. | **SD** |
| B | Paul führt den Mann ins Wohnzimmer. | **NO** |
| A | Paul steckt die Quittung in die Jackentasche. | **LE** |
| B | Paul wirft die Quittung in die Ecke. | **AH** |
| C | Paul steckt die Quittung in die Hosentasche. | **IE** |
| A | Da lacht Vielolog heimtückisch. | **ER** |
| B | Da lächelt Vielolog zufrieden. | **LE** |

**Lösung:** _ _ _ _ _ _ _ _

2. Sprachabschneiderrätsel

a) Das übernimmt Vielolog für Paul.

b) Ergänze: Vielolog will Paul einen Vorschlag machen. Dabei …… er auf seinen Koffer.

c) Was holt Vielolog aus seinem Koffer?

d) Paul verkauft Vielolog …

und bestimmte …

e) Was hat der Junge aus Klasse 8 Vielolog gegeben?

f) Wer stellt den Schirm in die Ecke?

g) Dieser Fluss fließt in den Rhein.

h) Hier steckt Paul die Quittung hin.

i) In der nächsten Leseeinheit machen Paul und Bruno einen Besuch im …

**Lösung:** _ _ _ _ _ _ _ _ _ _

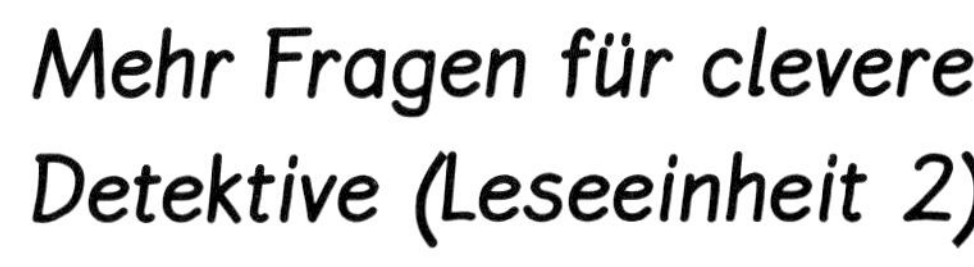

# M8 Mehr Fragen für clevere Detektive (Leseeinheit 2)

Hier kommen einige Fragen zur zweiten Leseeinheit. Ein cleverer Detektiv wie du beantwortet sie bestimmt locker!

1. Welche Personen kommen in dieser Leseeinheit vor?

   ______________________________________________

2. Was soll Paul Vielolog geben?

   ______________________________________________

3. Und was bietet Vielolog ihm dafür?

   ______________________________________________

4. Paul lässt sich auf den Handel ein. Doch so richtig zufrieden scheint er nach einer Woche nicht zu sein.
   a) Kreise die Adjektive ein, die Pauls Stimmung ausdrücken. Wenn dir ein Adjektiv unbekannt ist, schlage es in deinem Wörterbuch nach.

   *traurig   wütend   nervös   fröhlich*
   *gelassen   schockiert   unzufrieden   aufgebracht*
   *einsam   glücklich   ängstlich*
   *unglücklich   ungehalten   gelangweilt*

   b) Fallen dir noch weitere Adjektive für Paul ein? Schreibe sie auf.

   ______________________________________________

   ______________________________________________

5. Nach einer Woche steht Vielolog wieder vor der Tür. Was meinst du wohl, wie Paul reagiert? Oder: Wie könnte er reagieren? Und wie könnte die Geschichte dann weitergehen? Wenn dir der Platz nicht reicht, schreibe in deinem Heft weiter.

   ______________________________________________

   ______________________________________________

   ______________________________________________

   ______________________________________________

   ______________________________________________

   ______________________________________________

   ______________________________________________

   ______________________________________________

# Zusammenfassung (Leseeinheit 1 und 2)

Nun hast du dich bestimmt schon richtig in den Sprachabschneider eingelesen. Schaffst du es, die beiden Leseeinheiten kurz zusammenzufassen?

1. Notiere dir zunächst einige Stichworte zu jeder Leseeinheit (nur die wichtigsten Wörter, noch keine Sätze!). Die Fragen helfen dir dabei.
   a) Stichworte zur ersten Leseeinheit:
   Wer ist die Hauptperson des Buches? Was ist er für ein Typ? Wie sieht es bei ihm mit der Schule aus? Wer begegnet ihm an diesem Tag?
   Was ist das Komische an dieser Begegnung?

   b) Stichworte zur zweiten Leseeinheit:
   Wer steht vor der Tür? Was schlägt Vielolog Paul vor? Lässt sich Paul auf den Tausch ein? Welche Folgen hat dieser Tausch?

2. Bringe die Stichworte in die richtige Reihenfolge und versuche, ganze Sätze zu formulieren. Fasse die erste und zweite Leseeinheit in deinem Heft zusammen.

# Fragen für clevere Detektive (Leseeinheit 3)

Bist du bereit für die dritte Spurensuche im Text?

1. Beantworte die Fragen und notiere auch die Seite, auf der du die Antwort gefunden hast. Achte auf die richtige Zeichensetzung.

   a) Was antwortet Vielolog, als Paul ihn um eine weitere Woche bittet?

   ______________________________

   ______________________________ Seite ______

   b) Um wie viel Uhr beginnt die Zirkusvorstellung?

   ______________________________ Seite ______

   c) Was sagt Paul an der Zirkuskasse?

   ______________________________ Seite ______

   d) Was antwortet Bruno, als ihn Paul fragt, was ihm besser gefällt?

   ______________________________ Seite ______

   e) Fritz ärgert Paul. Was sagt er zu ihm?

   ______________________________

   ______________________________ Seite ______

   f) Woran liegt es, dass Paul seine Grübeleien schnell wieder vergisst?

   ______________________________

   ______________________________ Seite ______

2. Fülle die Lücken und ergänze auch die Seitenzahlen.

   a) Vielolog öffnet den Koffer, holt ein neues ____________ heraus, schreibt ____________ und Pauls Namen darauf. Seite ______

   b) Paul kann sich vorher die ____________ ansehen. Vor den ____________, in denen die ____________, trifft Paul ____________. Seite ______

   c) Am Abendbrottisch muss Paul ______________________________

   ______________________________. Seite ______

   d) „Es geben Trapezkünstler und einen ____________“, sagt Paul. „____________ halten jede Hand einen ____________, und ______________________________

   ______________________________.“ Seite ______

# Deine Meinung ist gefragt (Leseeinheit 3)

Paul hat sich zum zweiten Mal auf einen Tausch mit Vielolog eingelassen.

1. Findest du den Tausch gerecht? Begründe deine Meinung.

2. Wie hättest du in Pauls Situation reagiert?

3. Bildet kleine Gruppen und macht darin eine Umfrage:
   Was könnte Paul nach dieser zweiten Woche zu Vielolog sagen?
   Sammelt die Antworten und präsentiert die Ergebnisse eurer Klasse.
   Sprecht darüber.

| Schüler/Schülerin: | Antwort: |
| --- | --- |
| | |
| | |
| | |
| | |
| | |

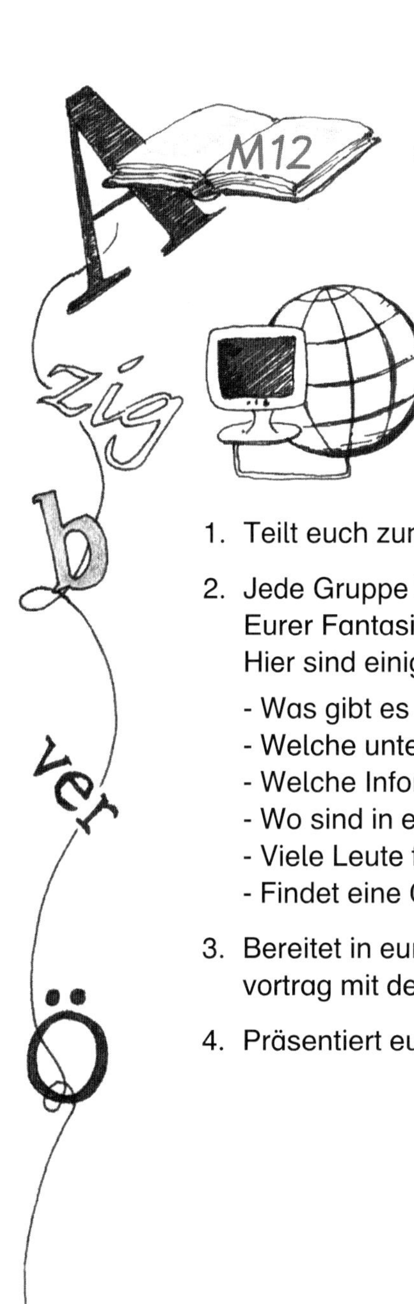


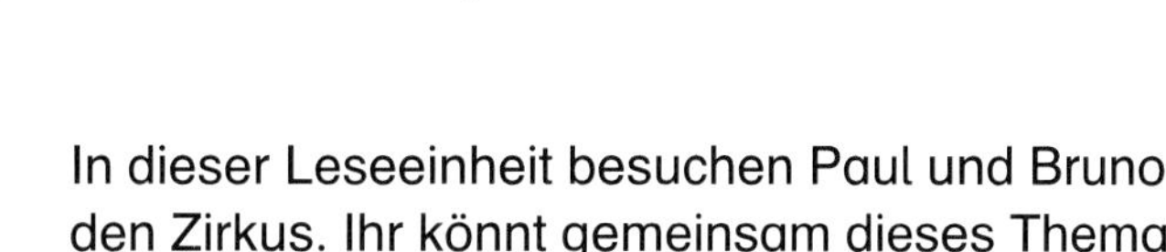

# Internetaufgabe (Leseeinheit 3)

In dieser Leseeinheit besuchen Paul und Bruno den Zirkus. Ihr könnt gemeinsam dieses Thema im Internet erforschen.

1. Teilt euch zunächst in kleine Gruppen ein.
2. Jede Gruppe beschäftigt sich mit einem Bereich zu dem Thema Zirkus. Eurer Fantasie sind keine Grenzen gesetzt.
   Hier sind einige Vorschläge:
   - Was gibt es im Zirkus für akrobatische Darbietungen?
   - Welche unterschiedlichen Tiervorführungen gibt es?
   - Welche Informationen zum Leben als Zirkuskind findet man?
   - Wo sind in eurer Umgebung in nächster Zeit Zirkusvorführungen?
   - Viele Leute finden manche Zirkusvorführungen nicht gut. Warum?
   - Findet eine Gruppe tolle Zirkusbilder?
3. Bereitet in eurer Gruppe euer Thema auf (als Plakat, Referat, Folienvortrag mit dem Tageslichtprojektor, PowerPoint-Präsentation ...).
4. Präsentiert eure Ergebnisse der Klasse.

# Fragen für clevere Detektive (Leseeinheit 4)

Hast du die vierte Leseeinheit gelesen?
Dann viel Spaß bei den Fragen:

1. Welche Personen kommen in dieser Leseeinheit vor?

______________________________________________

2. Zur Wiederholung: Was hat Vielolog von Paul für das Erledigen seiner Hausaufgaben verlangt?

   1. Tausch: ______________________________

   2. Tausch: ______________________________

   3. Tausch: ______________________________

3. Paul muss nach der Schule einkaufen gehen. Folgendes soll er besorgen:

4. Was denkt wohl die Verkäuferin?

______________________________

______________________________

______________________________

______________________________

5. Was glaubst du, warum sich Paul noch einmal auf einen Tausch mit Vielolog einlässt?

______________________________________________

______________________________________________

______________________________________________

______________________________________________

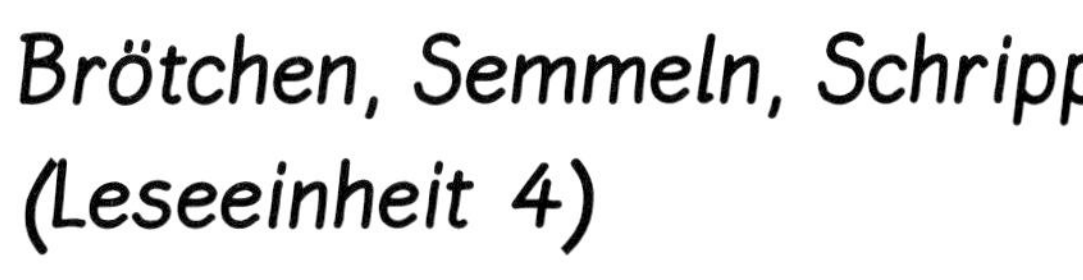

# Brötchen, Semmeln, Schrippen (Leseeinheit 4)

Viele Dinge werden in unterschiedlichen Teilen Deutschlands unterschiedlich genannt. Das Brötchen zum Beispiel wird im Süden Deutschlands eher Semmel oder Wecken, im Norden dagegen eher Schrippe oder Rundstückchen genannt.

1. Kennst du für folgende Wörter noch andere Ausdrücke? Wie sagst du dazu?

| Um was geht's? | Wie nennst du es? | Welche Bezeichnungen kennst du noch? |
|---|---|---|
| Brötchen | | Schrippe, Semmel, Wecken, Rundstück |
| Kartoffel | | |
| Möhre | | |
| Gehsteig | | |
| Erdbeere | | |
| Decke | | |
| Brotanschnitt | | |

2. Werdet gemeinsam zu Sprachforschern. Fragt eure Eltern oder Großeltern, wie sie folgende Dinge normalerweise bezeichnen:

   Brötchen, Kartoffel, Erdbeere, Blumenkohl, Fahrrad, kleines Küken, Frau, Feldsalat …

3. Haben sie diese Dinge vielleicht sogar früher anders genannt?

**Brötchen =**

# Fragen für clevere Detektive (Leseeinheit 5)

Du hast die letzte Leseeinheit gelesen?

1. Beantworte die folgenden Fragen in ganzen Sätzen.

   a) Warum ist Pauls Mutter sehr ärgerlich?

   ______________________________________________

   ______________________________________________

   b) Vielolog stellt Paul ein Ultimatum. Was ist das denn – ein Ultimatum? Schlage in deinem Wörterbuch nach und notiere auch die Seite.

   ______________________________________

   ______________________________________ Seite ______

   c) Und wie sieht Vielologs Ultimatum aus?

   ______________________________________________

   ______________________________________________

   d) An welches Märchen erinnert dich das Lied, das Vielolog singt? Notiere den Reim in deinem Heft.

   ______________________________________________

2. Ordne die Adjektive den Personen zu (manche Adjektive passen zu mehreren Personen). Wenn du ein Wort nicht kennst, schlage in deinem Wörterbuch nach.

> verzweifelt – ärgerlich – enttäuscht – gehässig – gemein – hilfsbereit – fleißig – leichtsinnig – müde – pfiffig – mürrisch – verärgert – erleichtert

| Paul | Pauls Mutter | Bruno | Vielolog |
|---|---|---|---|
| ________ | ________ | ________ | ________ |
| ________ | ________ | ________ | ________ |
| ________ | ________ | ________ | ________ |
| ________ | ________ | ________ | ________ |
| ________ | ________ | ________ | ________ |
| ________ | ________ | ________ | ________ |
| ________ | ________ | ________ | ________ |

M16a

# Abschlussfragen für clevere Detektive (Leseeinheit 1–5)

Clevere Detektive haben stets den Überblick. Hier kannst du testen, ob du den ultimativen Sprachabschneider-Überblick hast.

1. Kreuze die richtigen Antworten an. Wenn du die richtigen Buchstaben zusammensetzt, erhältst du die Lösung. Tipp: Manchmal gibt es mehrere richtige Antworten!

   a) Das Buch „Der Sprachabschneider“
   - ☐ ist im Rowohlt Verlag erschienen. **F**
   - ☐ stammt von Amelie Glienke. **E**
   - ☐ stammt von Hans Joachim Schädlich. **R**

   b) Paul ist ein …
   - ☐ Träumer. **I**
   - ☐ Streber. **A**

   c) „Vielolog“ ist abgeleitet von dem Wort Philologie.
   Im Fremdwörterbuch steht: ein Philologe ist ein …
   - ☐ Freund der Gemeinheiten. **K**
   - ☐ Freund der Holzkoffer. **S**
   - ☐ Freund der Sprache. **S**

   d) Paul denkt sich: Der Schlaf nach dem Aufwachen …
   - ☐ ist der gesündeste. **C**
   - ☐ ist am schönsten. **A**

   e) Immer, wenn es morgens kalt ist, macht Paul Folgendes:
   - ☐ Er zieht sich erst an, dann frühstückt er. **F**
   - ☐ Er zieht sich erst an, dann wäscht er sich. **H**
   - ☐ Er ändert die Reihenfolge. **E**

   f) Immer, wenn Paul zu spät zur Schule kommt, sagt er, …
   - ☐ er habe die Straßenbahn verpasst. **D**
   - ☐ er habe verschlafen. **R**

   g) Vor der Schule taucht ein Mann auf, dessen Anblick …
   - ☐ auch einem größeren Jungen als Paul die Sprache verschlagen muss. **W**
   - ☐ ziemlich sonderbar ist. **A**

   h) Das erste Wort, das Paul in seiner Sprache fehlt, ist …
   - ☐ die Präposition *zum*. **O**
   - ☐ der bestimmte Artikel *zum*. **L**

   i) Pauls Mitschüler …
   - ☐ merken nicht gleich, dass mit Paul etwas nicht stimmt. **I**
   - ☐ glauben, dass Paul die Lehrer auf den Arm nehmen möchte. **R**
   - ☐ prusten los, wenn er etwas sagt. **T**

M16b

# Abschlussfragen für clevere Detektive (Leseeinheit 1–5)

j) Paul …
- ☐ tauscht Präpositionen und Artikel, dann Verbformen, dann Konsonanten gegen Hausaufgaben. **T**
- ☐ tauscht Präpositionen und unbestimmte Artikel, dann Verbformen, dann Konsonanten gegen Hausaufgaben. **P**
- ☐ tauscht Präpositionen und bestimmte Artikel, dann Verbformen, dann Konsonanten gegen Hausaufgaben. **S**

k) Nach der Schule geht Paul …
- ☐ in den kleinen Lebensmittelladen an der Ecke. **A**
- ☐ in den kleinen Lebensmittelladen um die Ecke. **E**

l) Pauls Mutter möchte …
- ☐ Lätzchen stricken. **R**
- ☐ Plätzchen backen. **L**

m) Paul sucht Vielolog. Er will schon umkehren, als er endlich Vielolog …
- ☐ in ein Haus gehen sieht. **I**
- ☐ aus einem Haus kommen sieht. **A**

n) Vielologs Aufgabe kann Paul …
- ☐ mithilfe von Bruno und seiner Grammatik lösen. **T**
- ☐ leider nicht lösen. **E**
- ☐ ganz alleine lösen. **S**

LÖSUNG: _ _ _ _ _ _ _ _ _ _ _ _ _ _ _ _ _

2. Findest du diese Wörter im Buch? Notiere die Seitenzahl. (Achtung: Ein Wort findest du zweimal!)

| | | | |
|---|---|---|---|
| 1. Sauerkraut | Seite ______ | 2. Sprachabschneider | Seite ______ |
| 3. Stammsyllaben | Seite ______ | 4. Lätzchen | Seite ______ |
| 5. Lastschiff | Seite ______ | 6. umsonst | Seite ______ |
| 7. Direktor | Seite ______ | 8. schimpfen | Seite ______ |

# 2. Gedichte

## Didaktische Vorbemerkungen

In diesem Teil der Unterrichtshilfe werden Gedichte vorgestellt, die inhaltlich oder sprachlich mit der Lektüre in Verbindung gebracht werden können. Es soll dadurch ins Bewusstsein der Kinder gerückt werden, wie verschiedene Autoren ähnliche Themen behandeln oder dass unterschiedliche Textsorten verschiedene Stilmittel aufweisen. Hauptziel sollte jedoch sein, die Freude an Gedichten zu wecken und das Interesse für das Lesen und Schreiben poetischer Texte zu fördern.
Die Herangehensweise, die den verschiedenen Kopiervorlagen zugrunde liegt bzw. die in den Impulsen vorgestellt wird, ist überwiegend handlungs- oder produktionsorientiert. Die unter diesen Begriffen subsumierten Methoden sollen den Schüler einerseits mit den literarischen bzw. poetischen Texten in Beziehung bringen, ihm einen emotionalen Zugang ermöglichen. Andererseits soll über eigenes Schaffen das Gedicht bewusster wahrgenommen werden. Dies kann vor der eigentlichen Textbegegnung geschehen und somit ein genaueres Hinsehen und -spüren bewirken oder aber durch eine nachträgliche Produktion den geschärften Blick auf bestimmte inhaltliche oder stilistische Merkmale des Gedichts lenken.
Es geht dabei nicht um die Produktion von Texten, die mit dem Original in Konkurrenz treten sollen, sondern um eine Erweiterung der sprachlichen Möglichkeiten der Schüler. Dies sollte die Lehrkraft vermitteln, damit keine Schreibhemmung auftritt und die Kinder sich als Schreibende nicht bloßgestellt fühlen.

Die Grenzen zwischen Schreibunterricht und Literaturunterricht sind hier nicht immer klar zu ziehen und definieren sich über das Ziel der Deutschstunde. Die folgenden Vorschläge sind im Bereich Literaturunterricht angesiedelt, da die Gedichte im Zentrum stehen sollen. Der Lehrkraft bleibt es natürlich unbenommen, durch eine Akzentverschiebung den Schreibprozess in den Vordergrund zu rücken. Der eigentliche Zweck der Kopiervorlagen besteht jedoch in der Auseinandersetzung mit den Originaltexten, weshalb diese den Schülern nur in Ausnahmefällen vorenthalten werden sollten.

## Impulse und Ideen für die Lehrkraft

Die vorliegenden Gedichte und Arbeitsanweisungen sind so ausgewählt und formuliert, dass es den Schülern möglich ist, selbstständig mit ihnen zu arbeiten. Natürlich ist es genauso möglich, eine gemeinsame Unterrichtsstunde zu einem der Texte zu planen und die Kopiervorlage dabei einzusetzen.
Vor allem, wenn die erste Arbeitsform gewählt wird, sollten die Schüler es gewohnt sein, eigene Texte zunächst als Entwurf zu begreifen, der dann mit verschiedenen Hilfsmitteln, anderen Personen und durch unterschiedliche Methoden der Überarbeitung optimiert wird. Erst dann sollte das eigene Gedicht oder die selbst geschriebene Geschichte in ein dafür vorgesehenes Heft, auf extra bereitgestelltes Papier o. Ä. übertragen werden. Diese Form der prozessorientierten Schreibdidaktik bietet sich für den Einsatz des Computers an. Es fällt den Kindern damit leichter, ihre Texte immer wieder zu revidieren. Es sollten in diesem Zusammenhang im Klassenzimmer außerdem ständig verschiedene Materialien zur Gestaltung von Texten, Plakaten usw. zur Verfügung stehen. Dabei kann es sich neben Farben, unterschiedlichen Papieren und Werkzeug auch um Zeitschriften, Kataloge etc. handeln. Auch sollten verschiedene Arten der Präsentation möglich sein, die eine Veröffentlichung im kleinen oder größeren Kreis ermöglichen und so dem Werk der Schüler Raum geben und damit Wert beimessen.
Neben den vorgestellten Gedichten bieten sich aufgrund ihrer Thematik oder ihres Stils z. B. auch folgende an (siehe Literaturangaben auf S. 83):

- Rose Ausländer: „Wort an Wort“ (aus: „Gelassen atmet der Tag“)
- Rose Ausländer: „Meer III“ (aus: „Die Sonne fällt“)
  Josef Guggenmos: „Da lieg ich im Bett“, „Abends“ (aus: „Katzen kann man alles sagen“)
- Gedichte von Ernst Jandl (z. B. aus „Idyllen“) oder anderen Vertretern der sogenannten Konkreten Poesie
- weitere Gedichte von Hans Manz („Die Welt der Wörter“)

Wenn die Schüler dafür sensibilisiert sind, Zusammenhänge zwischen der Lektüre und anderen Texten zu entdecken, gelingt es ihnen vielleicht auch selbst, in bereitgestellten Anthologien oder Lesebüchern passende Gedichte zu finden.

# Was Worte alles können

1. Lies das Gedicht unten mehrmals.
2. Kläre mithilfe eines Wörterbuches oder im Gespräch mit einem Mitschüler die Wörter, die du nicht verstehst.
3. Unterstreiche die Verse (= Zeilen im Gedicht), die dir positiv vorkommen, in einer Farbe und die, die auf dich negativ wirken, in einer anderen.
4. Schreibe nun ein eigenes Gedicht. Dafür gibt es verschiedene Möglichkeiten:
   - A Schreibe das Gedicht ab „usw." weiter. Was können Worte noch?
   - B Schreibe ein Gedicht darüber, was Hände oder Blicke alles können.
   - C Schreibe ein Gedicht darüber, was Worte Gutes oder Böses anrichten können.
   - D Oder hast du noch eine andere Idee?

## Was Worte alles können (Hans Manz)

erklären
verraten
verschweigen
Missverständnisse ausräumen
täuschen
preisgeben
Misstrauen schaffen
Herzen öffnen
verletzen
trösten
verführen
verwirren
Zugang finden
auf taube Ohren stoßen

Barrieren überwinden
aufmuntern
vernichten
ablenken
ermüden
Zwietracht säen
Frieden stiften
nörgeln
angreifen
erheitern
traurig machen
enttäuschen
Erwartungen wecken
wärmen usw.

# Scheinbare Zeitwörter (Hans Manz)

Tafel schwamm
Sand floh
Wasser lachen
Fett sucht

Kata log
Wurst haut
Fenster laden
Zimmer flucht

Hühner stiegen
Kinder wiegen
Straßen graben
Strumpf band

Regen tropfen
Jäger knarren
Fersen blasen
Hand stand

Zusammenhängen!

## Scheinbare Zeitwörter

1. Zeitwörter ist ein anderes Wort für Verben. Kannst du dir denken, warum das Gedicht so heißt?
2. Überlege dir für jeden Vers (= Zeile im Gedicht), was die zwei verschiedenen Bedeutungen sind, die er haben kann. Wenn du nicht alle verstehst, suche das Gespräch mit einem Mitdenker.
3. Suche einige Verse aus und stelle beide Bedeutungen als Bilder in deinem Heft dar.

**Tafel schwamm**

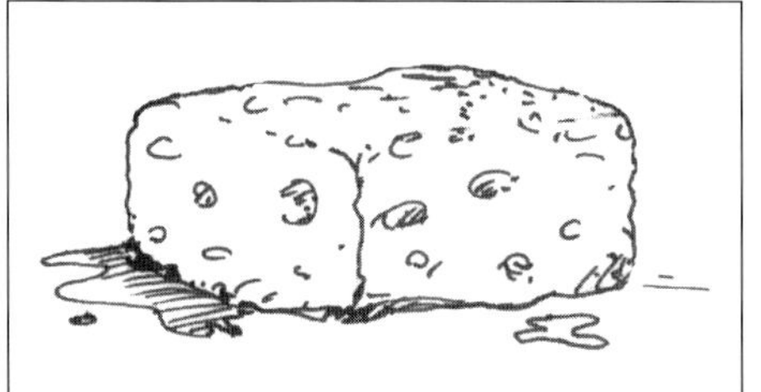

**Tafelschwamm**

4. Fallen dir noch andere zusammengesetzte Substantive ein, die man zu „scheinbaren Zeitwörtern" machen kann?

# Selbstgefällig (Wilhelm Busch)

Mein Büdelein
Is noch so tlein,
Is noch so dumm,
Ein ames Wum,
Muss tille liegen
In seine Wiegen
Und hat noch keine Hos' –
    Ätsch, ätsch!
Und ich bin schon so goß.

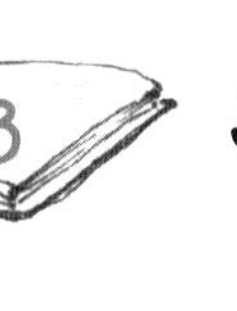


## Selbstgefällig

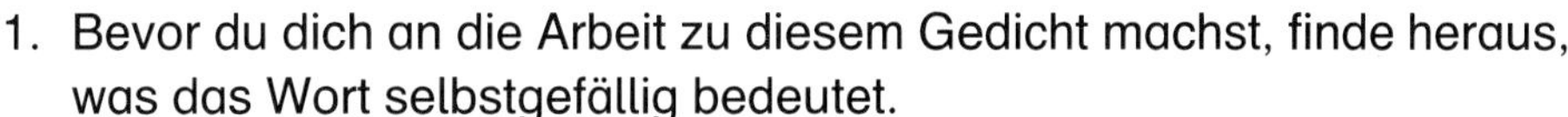

1. Bevor du dich an die Arbeit zu diesem Gedicht machst, finde heraus, was das Wort selbstgefällig bedeutet.
2. Lies das Gedicht mehrmals halblaut. Wähle eine der folgenden Schreibaufgaben dazu:
   A Beschreibe das Kind, das dieses Gedicht sprechen könnte: Wie alt ist es? Wie sieht es aus? Was für Eigenschaften hat es? usw.
   B Schreibe das Gedicht in *Erwachsenensprache* um.
   C Schreibe ein eigenes Kindergedicht. Überlege vorher, welche Buchstaben dein Kind nicht sagen kann und lass sie beim Schreiben weg.
3. Lerne das Gedicht auswendig. Überlege, wie das Kind wohl sprechen würde und übe dann.
4. Suche dir ein paar Zuhörer, denen du das Gedicht vortragen kannst.

## M4a Zeichen

1. Schreibe mithilfe von M4b dein eigenes Gedicht. Stelle dir dazu ganz verschiedene Wolkenbilder vor. Du hast sicher schon Wolken von ganz unterschiedlicher Farbe, Form und Größe gesehen, die ganz unterschiedliche Stimmungen hervorrufen. Überlege dir für jede Wolke einen Vergleich, der beschreibt, wie die Wolke aussieht. Schreibe diese Vergleiche in die Lücken auf dem Arbeitsblatt.
2. Erfinde einen passenden Schluss für das Gedicht.
3. Denke dir als letzten Schritt einen Titel aus.
4. Male eine oder mehrere Wolken aus deinem Gedicht in den Rahmen. Findet ein Leser heraus, welche der im Gedicht beschriebenen Wolken du dargestellt hast?
5. Lies nun auf M4c, was Humberto Ak'abal sich für Vergleiche hat einfallen lassen.
6. Wenn dir noch andere Vergleiche einfallen, kannst du das Gedicht in dein Heft schreiben und ergänzen.

__________________ von __________________

Es kommt Wind auf,
wenn die Wolken

wie ____________________________________ sind.

Es nieselt,

wenn sie ______________________________ gleichen.

Es gibt Sturm,

wenn sie wie __________________________ aussehen.

Wolkenbruch,

wenn sie an ____________________________ erinnern.

Und wenn sich am Morgen
eine Wolke vor den Sonnenaufgang
schiebt, werden ________________________________

______________________________________________

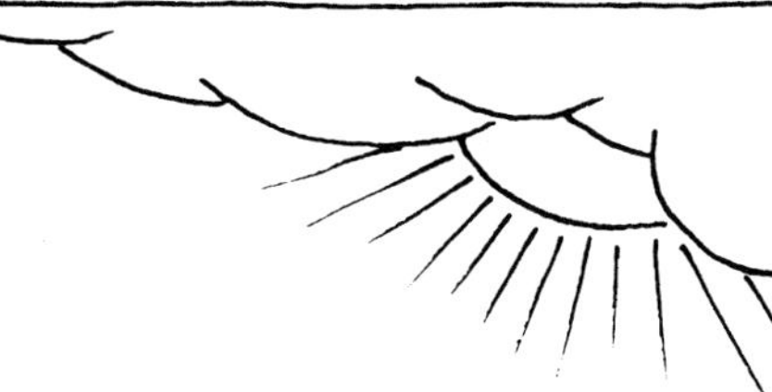

# Zeichen (Humberto Ak'abal)

Es kommt Wind auf,
wenn die Wolken
wie Frauenhaar sind.

Es nieselt,
wenn sie Taubenflügeln gleichen.

Es gibt Sturm,
wenn sie wie Schafwolle aussehen.

Wolkenbruch,
wenn sie an den Rauch von Kiefernharz erinnern.

Und wenn sich am Morgen
eine Wolke vor den Sonnenaufgang
schiebt,

werden Regen und Wind
andere Dörfer heimsuchen.

# Im Nebel (Hermann Hesse)

Seltsam, im Nebel zu wandern!
Einsam ist jeder Busch und Stein,
Kein Baum sieht den andern,
Jeder ist allein.

Voll von Freunden war mir die Welt
Als noch mein Leben licht war;
Nun, da der Nebel fällt,
Ist keiner mehr sichtbar.

Wahrlich, keiner ist weise,
Der nicht das Dunkel kennt,
Das unentrinnbar und leise
Von allen ihn trennt.

Seltsam, im Nebel zu wandern!
Leben ist Einsamsein.
Kein Mensch kennt den andern,
Jeder ist allein.

## *Im Nebel*

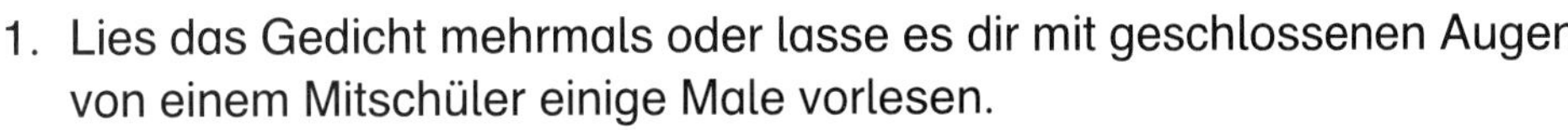

1. Lies das Gedicht mehrmals oder lasse es dir mit geschlossenen Augen von einem Mitschüler einige Male vorlesen.

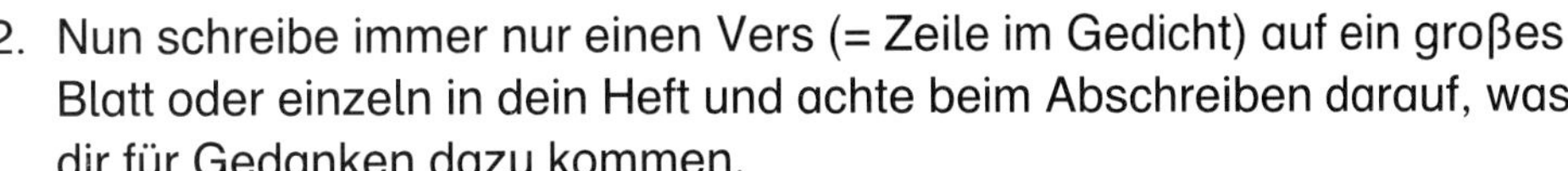

2. Nun schreibe immer nur einen Vers (= Zeile im Gedicht) auf ein großes Blatt oder einzeln in dein Heft und achte beim Abschreiben darauf, was dir für Gedanken dazu kommen.
3. Nimm dann einen anderen Stift und schreibe darunter deine Ideen, Gedanken oder Fragen zu dem Vers. So entsteht dein eigenes Gedicht, das wie ein Gespräch zwischen dir und Hermann Hesse ist.
4. Wenn du Lust hast, suche dir einen Mitschüler und lest dein Gedicht in verteilten Rollen.

# Glück der Einsamkeit (Wilhelm Busch)

Wer einsam ist, der hat es gut,
Weil keiner da, der ihm was tut.
Ihn stört in seinem Lustrevier
Kein Tier, kein Mensch und kein Klavier,
Und niemand gibt ihm weise Lehren,
Die gut gemeint und bös zu hören.
Der Welt entronnen, geht er still
In Filzpantoffeln, wann er will.
Sogar im Schlafrock wandelt er
Bequem den ganzen Tag umher.
Er kennt kein weibliches Verbot,
Drum raucht und dampft er wie ein Schlot.
Geschützt vor fremden Späherblicken,
Kann er sich selbst die Hose flicken.
Liebt er Musik, so darf er flöten,
Um angenehm die Zeit zu töten,
Und laut und kräftig darf er prusten,
Und ohne Rücksicht darf er husten,
Und allgemach vergisst man seiner.
Nur allerhöchstens fragt mal einer:
»Was, lebt er noch? Ei Schwerenot,
Ich dachte längst, er wäre tot.«
Kurz, abgesehn vom Steuerzahlen,
Lässt sich das Glück nicht schöner malen.
Worauf denn auch der Satz beruht:
»Wer einsam ist, der hat es gut.«

# Glück der Einsamkeit

1. Lies das Gedicht mehrmals halblaut.
2. Dieser Autor findet es gar nicht schlecht, einsam zu sein. Schreibe in dein Heft, was du alles tun würdest, wenn dir keiner Vorschriften machen würde und du auf niemanden Rücksicht nehmen müsstest. Wie würdest du dich fühlen?
3. a) Schreibe ein eigenes Gedicht oder einen Text, der ähnlich aufgebaut ist wie der von Wilhelm Busch. Aber dein Gedicht muss sich nicht reimen.
   - P Du kannst manche Verse (= Zeilen in einem Gedicht) auch abschreiben und in deinem Gedicht verwenden, wenn sie dir gut gefallen. Ergänze sie dann mit eigenen Ideen.
   - P Du kannst auch ein Gegengedicht schreiben mit dem Titel „Unglück der Einsamkeit" und darin beschreiben, was einen Menschen alles unglücklich macht, wenn er einsam ist.

   b) Du kannst auch einen Brief an den Dichter schreiben, in dem du sagst, ob du seiner Meinung bist oder nicht. Begründe deine Meinung gut. Leider kannst du den Brief nicht mehr abschicken, denn Wilhelm Busch ist schon 1908 gestorben.
4. Vergleiche dieses Gedicht mit dem Gedicht „Im Nebel" von Hermann Hesse. Sprich mit einem Mitschüler über deine Gedanken. Welcher Text gefällt dir besser? Warum?
5. Schau dir Paul auf Seite 31 im Buch noch einmal in Ruhe an. Welches der beiden Gedichte passt besser zu ihm?

# The word collector

Dick has a funny hobby.
Is's really quite absurd.
When people are just talking,
He sometimes takes a word.

Today the word ist “hungry”.
And Dick can always steal.
Be careful what you say today,
You may not get a meal.

He took a train to Chester.
The word was “please” last week.
Now thirty Chester people
Have problems when they speak.

The other word collectors
Send Dick their words by mail.
Which words could *you* now send him?
And which are *not* for sale?

## M7 *The word collector*

1. Lies das Gedicht. Frage deinen Lehrer, wie man unbekannte Wörter ausspricht.
2. Versuche nun zunächst, das ganze Gedicht zu verstehen. Dazu musst du nicht jedes einzelne Wort nachschlagen, aber die, die dir beim Verstehen helfen.
3. Überlege dir eine Geschichte, die passiert, weil der „word collector“ Leute bestohlen hat. Schreibe sie in dein Heft.
4. a) Schreibe dir einige Wörter auf Kärtchen, die du dir gerne klauen lassen würdest. Mache dasselbe mit Wörtern, die du auf gar keinen Fall hergeben möchtest. Du kannst englische oder deutsche Wörter auswählen.

   b) Tragt gemeinsam diese zwei Arten von Wörtern zusammen und gestaltet damit zwei Plakate.

# 3. Sprache entdecken

## Didaktische Vorbemerkungen

In diesem Kapitel werden die Bereiche Rechtschreibung und Grammatik behandelt. Dabei gilt der Grundsatz „Sprache entdecken“. Dies bedeutet, dass die Kinder aus einem Angebot unterschiedlichster Aufgaben dazu motiviert werden, sich der Schriftsprache bewusst zuzuwenden. Dadurch erlangen sie Einsichten in Regelhaftigkeiten, Besonderheiten und Phänomene des Deutschen.
Im Blick auf die aktuellen Forderungen der (Recht-)Schreibdidaktik muss es darum gehen, Schüler in die Verantwortung für ihre Texte zu nehmen. Das bedeutet eine klare Abkehr vom klassischen Regelunterricht, der sich nicht am individuellen Wortschatz des Kindes orientiert. An seine Stelle muss ein Unterricht treten, der es dem Schüler ermöglicht, sich mit persönlich bedeutsamen Wörtern zu beschäftigen, diese zu sichern und damit Fortschritte zu erleben. Eine Vermittlung von Strategien, allen voran das Silbenschwingen, steht dabei weit vor der Behandlung von Regeln. Der Schwerpunkt des Arbeitsmaterials liegt deshalb auf der Erweiterung des individuellen Wortschatzes, der über das Abschreiben als eine der wichtigsten Arbeitsformen sowie durch alternative Diktatformen gesichert und überprüft werden kann. In diesem Zusammenhang soll auch der Umgang mit dem Wörterbuch zur alltäglichen Routine werden.

Was den Grammatikunterricht betrifft, gilt ein ähnlicher Blickwinkel. Auch hier soll es darum gehen, den Kindern im Umgang mit Sätzen und Strukturen zu eigenen Einsichten über die Funktion und Bedeutung von grammatikalischen Phänomenen zu verhelfen. Dies geschieht stets im Textzusammenhang, um zum Beispiel die Leistung einzelner Wortarten oder -formen erfahrbar zu machen. Das spielerische Ausprobieren fördert das Sprachgefühl und das Sprachbewusstsein der Kinder. Im Idealfall wird durch diese Aufbereitung der Lektüre deutlich, dass Wortschatz alleine nicht zu einer befriedigenden Kommunikation befähigt.

## Impulse und Ideen für die Lehrkraft

Die Kopiervorlage M1 des Kapitels sollte gleich in den ersten Stunden der Beschäftigung mit der Lektüre eingeführt werden. Dies kann mithilfe des vorgestellten Beispiels geschehen, das dann gemeinsam auf weitere Wörter angewandt wird. Ziel ist, dass jedes Kind im Laufe der Unterrichtseinheit ein eigenes kleines Wörterbuch für sich erstellt und jedes neu dazukommende Wort wieder alphabetisch einordnet. Dazu kann die Kopiervorlage an der angezeichneten Linie auseinandergeschnitten werden. Dabei ist es wichtig, dass die Schüler immer wieder dazu angehalten werden, sich eigene Wörter dafür auszuwählen. Es kann sich dabei um zuvor unbekannte Wörter, orthografisch anspruchsvolle Wörter oder besonders lustige oder schöne Wörter handeln. Dennoch ist es sinnvoll, wenn die Lehrkraft einige Wörter für die ganze Klasse verbindlich vorgibt, wie zum Beispiel grammatikalische Fachbegriffe oder regional bedingte Ausdrücke.

Kopiervorlage M2 ist als Gesamtprojekt für die ganze Klasse angelegt und führt zu einer selbst geschriebenen und gestalteten Klassenausgabe der Lektüre, die in einem Ordner nach und nach abgeheftet wird. Ein Schüler beginnt damit, den Text abzuschreiben, bis seine Kopiervorlage beschrieben ist. Er gibt den Ordner mit seinem Text weiter und der nächste Schüler sucht die entsprechende Textstelle im Buch und beginnt dort mit dem weiteren Abschreiben. Der Ordner wandert so lange von Schüler zu Schüler, bis das ganze Buch in handschriftlicher Form vorliegt.

Die Kopiervorlagen M3–M6 können von den Schülern eigenständig und während der Unterrichtseinheit auch mehrmals bearbeitet werden. Sie berücksichtigen die unterschiedlichen Rechtschreibfähigkeiten und -interessen der Kinder.

Die Kopiervorlagen M7a–M7c, die sich mit grammatikalischen Themen beschäftigen, können alle selbstständig von den Schülern bearbeitet werden. Da die Aufgaben jedoch unterschiedlich schwierig sind, sollte die Lehrkraft eine passende Vorauswahl treffen. Der Schwierigkeitsgrad wird durch die Sternchen gekennzeichnet. Kopiervorlage M8 greift mit den Pronomen ein grammatikalisches Phänomen auf, das im Buch nicht auftaucht. Es ist dadurch besonders zur Differenzierung geeignet.

Der Spielplan auf Seite 50 kann auf DIN-A3-Format vergrößert werden und wirkt ansprechender, wenn ihn die Schüler vor dem Folieren farbig gestalten. Würfel und Spielfiguren müssen zur Verfügung stehen.

# Mein Sprachabschneiderwörterbuch

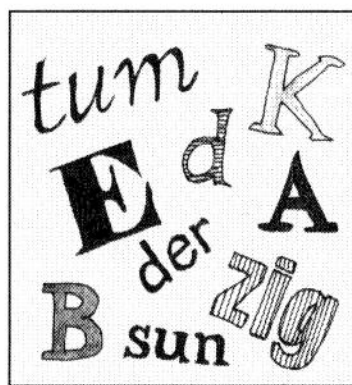


**Meine Sprachabschneiderwörter**

Quittung

*Quittung*

☒ Substantiv ☐ Verb ☐ Adjektiv ☐ andere Wortart

Mehrzahl: Vergangenheit: Steigerung:

Quittungen

Das Wort bedeutet:

Empfangsbestätigung

Mein eigener Satz, in dem das Wort vorkommt:

Als ich das Buch bezahlt hatte, bekam ich eine Quittung.

---

**Meine Sprachabschneiderwörter**

(Druckschrift)

(Schreibschrift)

☐ Substantiv ☐ Verb ☐ Adjektiv ☐ andere Wortart

Mehrzahl: Vergangenheit: Steigerung:

Das Wort bedeutet:

Mein eigener Satz, in dem das Wort vorkommt:

# Meine selbst geschriebene Sprachabschneiderseite

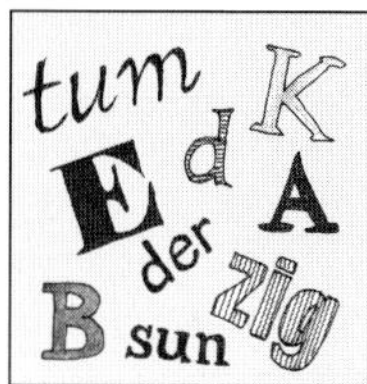


geschrieben von ______________________ am ____________

## Partnerdiktat: Meine Sprachabschneiderwörter

1. Lies dir die Wörter in deinem Sprachabschneiderwörterbuch noch einmal genau durch. Suche dir dann einen Partner.
2. Dein Partner diktiert dir ganz deutlich eines deiner Wörter. Du schreibst es mit Bleistift auf die Linie.

3. Du zeigst deinem Partner das Wort. Wenn es falsch ist, überlegst du dir, was du anders schreiben musst und ihr sprecht darüber. Verbessere das Wort danach. So geht ihr bei allen zehn Wörtern vor.

## Partnerdiktat: Meine Lieblingsseite

1. Suche dir eine Seite im Buch, die dir gut gefällt. Lies sie dir mehrmals genau durch und, wenn dir das Buch gehört, unterstreiche die Wörter, die schwierig zu schreiben sind. Markiere die schwierigen Stellen rot, damit du sie dir merken kannst.
2. Suche dir einen Partner, der dir die Seite langsam diktiert und dabei sehr deutlich spricht. Du schreibst mit Bleistift in dein Heft.
3. Nach jedem Satz zeigst du ihm deinen Text und er weist dich auf Fehler hin. Du überlegst dann, wie man das Wort richtig schreibt und ihr sprecht darüber. Verbessere die Fehler sorgfältig.
4. Zeigt das Diktat einem dritten Mitschüler, der es noch einmal ganz genau unter die Lupe nimmt. Habt ihr wirklich keinen Fehler übersehen?

# M5 Eigendiktat: Sprachabschneiderwörter

Du kannst noch einmal in deinem Sprachabschneider schmökern oder in deinem Wörterbuch blättern.

1. Überlege, welche zehn Wörter aus dem Sprachabschneider du richtig schreiben kannst.
2. Schreibe sie mit Bleistift auf die Linien.
3. Kontrolliere jedes Wort sorgfältig mithilfe deines Sprachabschneiderwörterbuchs, dem Buch oder einem Wörterbuch. Verbessere Fehler.
4. Wem gibst du deine Wörter zur Kontrolle? Ist alles richtig geschrieben?

______________________ ______________________

______________________ ______________________

______________________ ______________________

______________________ ______________________

______________________ ______________________

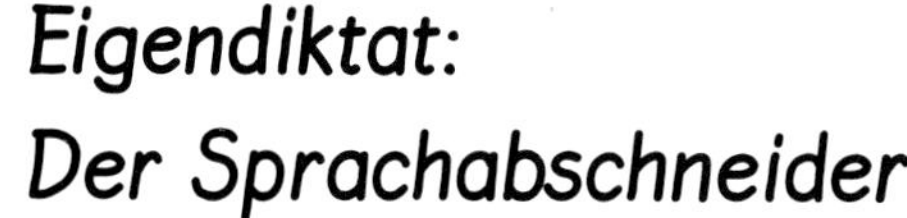

# M6 Eigendiktat: Der Sprachabschneider

Bei einem Eigendiktat entscheidest du selbst, was für einen Text du schreiben möchtest. Schmökere dazu im Buch oder schau dir deine Lernwörter im Sprachabschneiderwörterbuch an.

1. Schreibe mit Bleistift einen kleinen Text über den Sprachabschneider in dein Heft. Wähle Wörter, die du sicher schreiben kannst.
2. Kontrolliere deinen Text mithilfe des Buches, deines Sprachabschneiderwörterbuchs oder eines anderen Wörterbuchs. Verbessere deine Fehler.
3. Wer kann dir bei der Kontrolle behilflich sein? Suche dir jemanden, der sich deinen Text durchliest.
4. Wenn du glaubst, dass du keine Fehler mehr hast, gib den Text deinem Lehrer.

M7a

# Pauls Tagebuch

Nach einer Woche ohne Hausaufgaben kommt Paul ins Grübeln. Er hat das Gefühl, dass für ihn mehr hätte herausspringen müssen. Hier ist sein Tagebucheintrag.

Du musst bis Seite 30 gelesen haben.

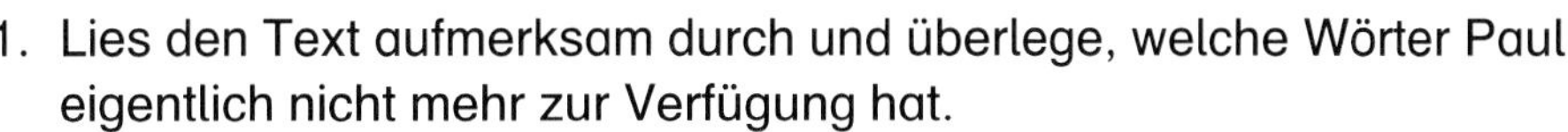

1. Lies den Text aufmerksam durch und überlege, welche Wörter Paul eigentlich nicht mehr zur Verfügung hat.
2. Streiche diese Wörter durch.
3. Wenn du den Text in Pauls Sprache übersetzt hast, kontrolliere mithilfe von Kopiervorlage 7b.

Liebes Tagebuch,

jetzt habe ich seit einer Woche keine Hausaufgaben mehr zu erledigen. Das kam so: Letzten Montag traf ich auf der Straße einen total komischen Mann. Er stand auf einem Koffer und hatte einen Regenschirm in der Hand. Als ich am Nachmittag alleine zu Hause war, klingelte er plötzlich an der Tür und machte mir ein tolles Angebot. Ich ließ mich darauf ein und gab ihm meine Präpositionen und die bestimmten Artikel. Dafür erledigt er jetzt die Hausaufgaben für mich.
Deshalb kann ich nun nach der Schule tun, was ich will. Am liebsten bin ich auf dem Sportplatz. Aber die anderen haben keine Zeit und mir ist oft langweilig. Was soll ich bloß tun? Ich glaube, ich werde noch einmal zu dem seltsamen Mann gehen …

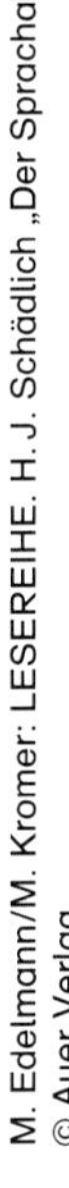

## M7b Pauls Tagebuch

Nach einer Woche ohne Hausaufgaben kommt Paul ins Grübeln. Er hat das Gefühl, dass für ihn mehr hätte herausspringen müssen. Hier ist sein Tagebucheintrag.

Du musst bis Seite 30 gelesen haben.

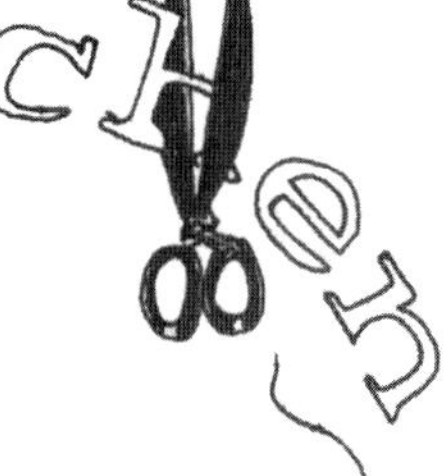

1. Lies den Text aufmerksam durch und überlege, welche Wörter Paul nicht mehr zur Verfügung hat.
2. Setze sie in die Lücken ein.
3. Wenn du Pauls Sprache richtig übersetzt hast, kontrolliere mithilfe von Kopiervorlage 7a.

Liebes Tagebuch,

jetzt habe ich _______ einer Woche keine Hausaufgaben mehr zu erledigen. Das kam so: Letzten Montag traf ich _______ _______ Straße einen total komischen Mann. Er stand _______ einem Koffer und hatte einen Regenschirm ______ _________ Hand. Als ich _______ Nachmittag alleine _____ Hause war, klingelte er plötzlich _____ _______ Tür und machte mir ein tolles Angebot. Ich ließ mich _________ ein und gab ihm meine Präpositionen und _______ bestimmten Artikel. Dafür erledigt er jetzt _______ Hausaufgaben für mich.
Deshalb kann ich nun _______ _______ Schule tun, was ich will. Am liebsten bin ich _______ _________ Sportplatz. Aber ________ anderen haben keine Zeit und mir ist oft langweilig. Was soll ich bloß tun? Ich glaube, ich werde noch einmal ______ _________ seltsamen Mann gehen …

M7c

# Pauls Tagebuch

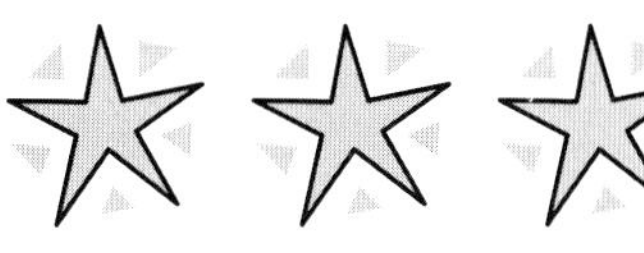

Nach einer Woche ohne Hausaufgaben kommt Paul ins Grübeln. Er hat das Gefühl, dass für ihn mehr hätte herausspringen müssen. Hier ist sein Tagebucheintrag.

Du musst bis Seite 30 gelesen haben.

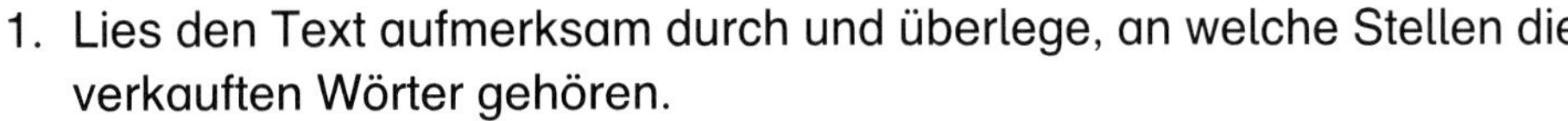

1. Lies den Text aufmerksam durch und überlege, an welche Stellen die verkauften Wörter gehören.
2. Schreibe die entsprechenden Zahlen an die richtigen Stellen im Text. Streiche die Wörter durch, die du schon eingesetzt hast.
3. Wenn du fertig bist, kontrolliere mithilfe von Kopiervorlage 7a.

Liebes Tagebuch,

jetzt habe ich **3** einer Woche keine Hausaufgaben mehr zu erledigen. Das kam so: Letzten Montag traf ich Straße einen total komischen Mann. Er stand einem Koffer und hatte einen Regenschirm Hand. Als ich Nachmittag alleine Hause war, klingelte er plötzlich Tür und machte mir ein tolles Angebot. Ich ließ mich ein und gab ihm meine Präpositionen und bestimmten Artikel. Dafür erledigt er jetzt Hausaufgaben mich.

Deshalb kann ich nun Schule tun, was ich will. Am liebsten bin ich Sportplatz. Aber anderen haben keine Zeit und mir ist oft langweilig. Was soll ich bloß tun? Ich glaube, ich werde noch einmal seltsamen Mann gehen …

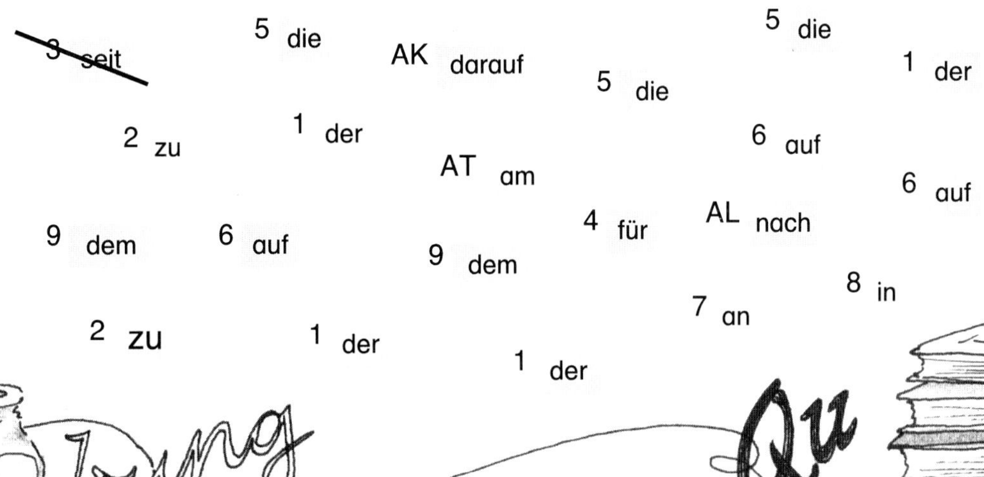

# *Ein fremder Brief*

Paul bemerkt, dass Vielolog ein Stück Papier aus seinem Koffer gefallen ist. Er steckt es heimlich ein. Als er alleine ist und es genauer unter die Lupe nimmt, entdeckt er, dass es sich um einen Brief handelt.

Du musst bis Seite 33 gelesen haben.

1. Welche Wörter hat Olga an Vielolog verkauft? Setze sie ein.
2. Finde im Grammatikteil deines Wörterbuches heraus, wie diese Wortart heißt.
3. Lege eine neue Seite in deinem Sprachabschneiderwörterbuch an, auf der du erklärst, wozu man diese Wortart braucht.

**Lieber Vielolog,**

seit einer Woche bin _______ ziemlich traurig.
__________ Eltern und __________ Freunde machen
sich schon große Sorgen um __________, weil ______
nicht mehr richtig sprechen kann. Warum habe ______
______ nur diese Wörter verkauft? Damals wusste
______ gar nicht, dass ______ so viele von ihnen jeden
Tag benutze. Und was hab ______ dafür bekommen? Wie
____ ______ versprochen hast, gibt ____ nun jeden Tag
Schokoladeneis zum Nachtisch, aber inzwischen kann
______ ____ schon nicht mehr sehen. Und sogar
__________ kleine Schwester beschwert sich.
Was muss ______ tun, damit ______ __________
Sprache von ______ wieder zurückbekomme?
______ warte morgen nach der Schule an der Pommesbude auf ______.
Bitte komm! __________ Olga

Mg

# Verbformenspiel

Paul hat nun auch seine Verbformen verkauft und kann nur noch die Infinitive (= Grundformen) benutzen. Um diese Sprache auszuprobieren, brauchst du einen Spielpartner. Ihr braucht ein Wörterbuch und etwas zum Schreiben.

Du musst bis Seite 33 gelesen haben.

1. Einer von euch denkt sich einen Satz aus.
2. Der andere sucht das Verb im Satz und setzt es in den Infinitiv.
3. Ihr kontrolliert gemeinsam, ob das Verb so im Wörterbuch zu finden ist. Wenn ja, gibt es einen Punkt für den erfolgreichen Übersetzer.
4. Nun wechselt die Rollen.
5. Spielt abwechselnd so weiter. Vielleicht fallen euch ja besonders kniffige Sätze ein?

Mein kleiner Bruder hat gestern während meiner Lieblingssendung wieder mal nur gebrüllt.

Der Infinitiv von „gebrüllt" heißt „brüllen". Lass uns im Wörterbuch nachschauen!

# Eine mühsame Unterhaltung

Paul kann die halbe Nacht nicht schlafen. Am nächsten Tag bittet er Bruno um Hilfe. Sie treffen sich nach der Schule bei Paul, und Paul weiht Bruno in sein Geheimnis ein. Doch der kann ihn kaum verstehen. Kannst du Paul helfen?

Du musst bis Seite 51 gelesen haben.

1. Lies das ganze Gespräch einmal durch.
2. Brunos Antworten helfen dir dabei, herauszufinden, was Paul sagen wollte. Schreibe Pauls Sätze verständlich auf.

**Paul:** „Du müssen mir helfen! Ich reffen einen Mann.“

________________________________________

________________________________________

**Bruno:** „Wie, du triffst einen Mann? Du bist doch hier!“
**Paul:** „Nein, ich reffen Mann drei Wochen und geben ihm Wörter Hausaufgaben.“

________________________________________

________________________________________

**Bruno:** „Du hast ihm Hausaufgaben aufgegeben?“
**Paul:** „Nein! Er kaufen meine Wörter und machen dafür meine Hausaufgaben!“

________________________________________

________________________________________

**Bruno:** „Jetzt versteh ich endlich, warum du nicht mehr richtig sprechen kannst.“
**Paul:** „Und sein recklich! Alle lachen mich nur noch aus!“

________________________________________

________________________________________

**Bruno:** „Du redest eben auch schrecklich lustig, haha!“
**Paul:** „So lustig sein gar nicht! Ich rauchen ringend deine Hilfe!“

________________________________________

________________________________________

## M11 Die Herausforderung

Vielolog stellt Paul ein Ultimatum. Paul bekommt seine Sprache zurück, wenn er es schafft, eine schwierige Aufgabe zu lösen.

Du musst bis Seite 52 gelesen haben.

1. Lies die Geschichte auf Seite 48 im Buch genau.
2. Schaffst du es ohne Paul und Bruno, den Text zu übersetzen? Schreibe ihn ohne Fehler in dein Heft.
3. Du kannst dir die Lösung von Paul und Bruno (auf Seite 55 im Buch) anschauen, um zu überprüfen, ob du alles richtig gemacht hast.

## M12 Sprachabschneider-Würfelspiel

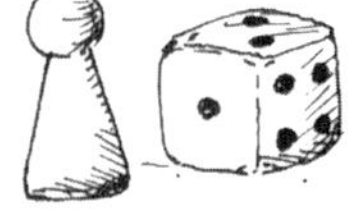

In einem Spiel kannst du beweisen, dass du Pauls Sprache mühelos verstehst. Suche dir dazu 1–3 Mitspieler.

Du musst bis Seite 46 gelesen haben.

Ihr braucht den Spielplan, die zurechtgeschnittenen Aufgabenkärtchen, Spielfiguren und einen Würfel.

1. Entscheidet euch, ob ihr „richtige" Sätze in Paul-Sprache verwandeln wollt (Fragezeichen-Karten) oder Pauls Sätze in „richtige" Sätze übersetzen möchtet (Ausrufezeichen-Karten). Legt die Kärtchen mit der Schrift nach unten auf den Spielplan und würfelt reihum. Tipp: Ihr könnt auch mit Frage- und Ausrufekarten spielen. Dann wird es schwieriger.
2. Wer auf ein **?/!** kommt, muss übersetzen. Nur wem das gelingt, darf noch mal würfeln.
3. Landest du auf einem Vielolog-Feld, musst du drei Felder zurück, weil du ihm nicht begegnen möchtest.
4. Auf einem Bruno-Feld musst du einmal aussetzen, weil ihr euch so viel zu erzählen habt.
5. Auf einem Paul-Feld musst du versuchen, deine Mitspieler zum Lachen zu bringen, damit Paul nicht mehr so traurig ist. Gelingt es dir, darfst du zwei Felder vorrücken.
6. Das Spiel ist zu Ende, wenn der erste von euch im Ziel angelangt ist.

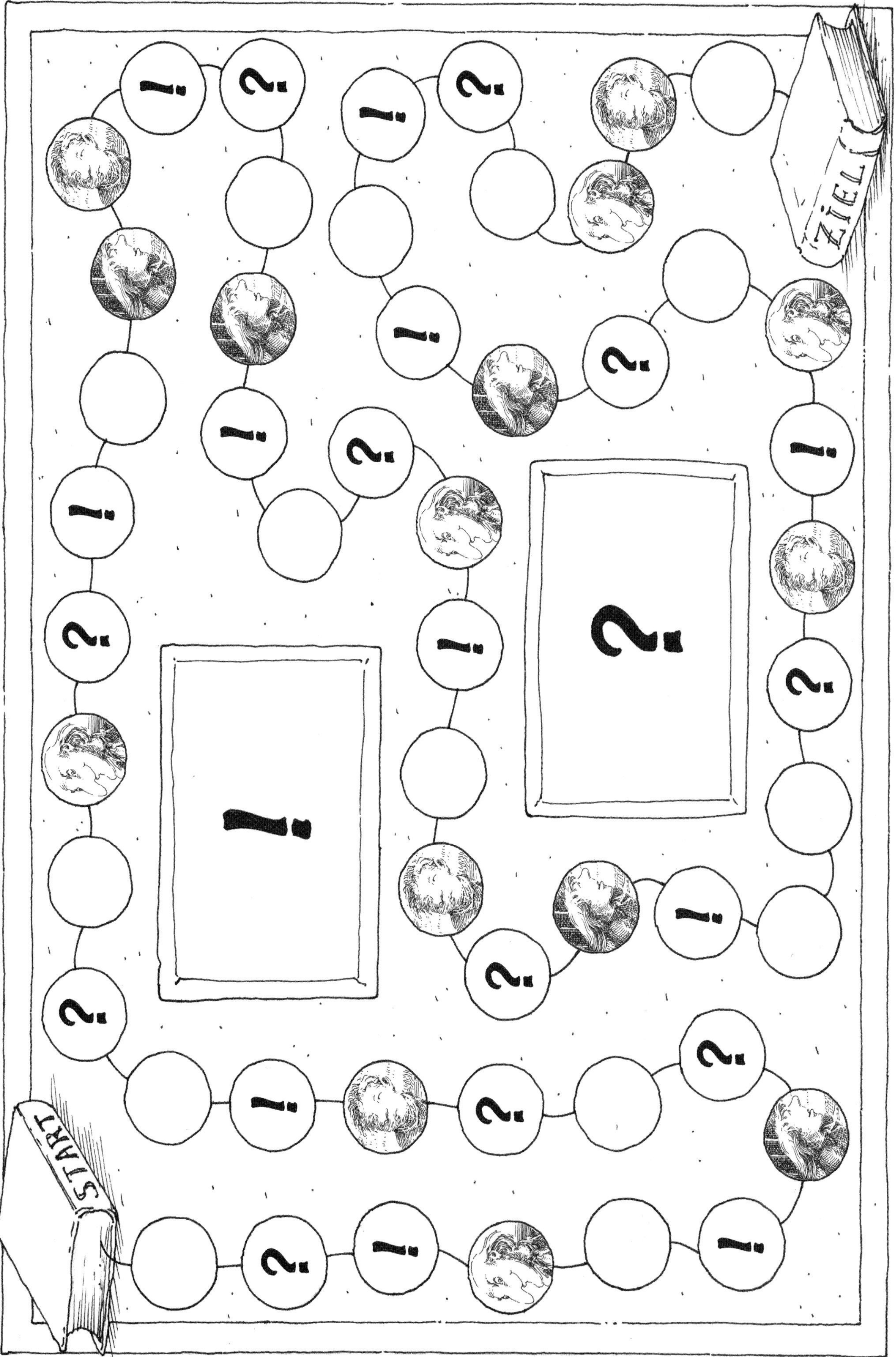
ZIEL
START

# Aufgabenkärtchen

| | |
|---|---|
| Meine Mutter denkt, ich bin nicht normal. ? | Du hast eine Eins in Deutsch bekommen.  |
| Mein Vater ging nicht mit zum Zirkus.  | In der Schule ist es manchmal langweilig.  |
| Ich werde Vielolog nichts mehr abgeben.  | Der Artist lief auf einem ganz dünnen Seil.  |
| Meine Oma hat mir Geld für den Zirkus gegeben.  | Bruno kann gut Fußball spielen.  |

## Aufgabenkärtchen

| Du bekommen eine Eins in Deutsch.  | Meine Mutter denken, ich sein nicht normal.  |
|---|---|
| Schule sein es manchmal langweilig.  | Mein Vater gehen nicht mit Zirkus.  |
| Artist laufen einem ganz dünnen Seil.  | Ich Vielolog nichts mehr abgeben.  |
| Bruno können gut Fußball spielen. | Meine Oma geben mir Geld Zirkus. |

# M12c Aufgabenkärtchen

| | |
|---|---|
| Unsere Lehrerin war gestern nicht da. ? | Meine Mutter wird mich heute von der Schule abholen.  |
| Ich muss heute früh nach Hause gehen.  | Letzte Woche kam ein guter Film im Fernsehen.  |
| Ich spielte Fußball auf dem Sportplatz.  | Du bist spät nach Hause gegangen.  |
| Er trinkt Spezi aus der Flasche.  | Er war noch nie im Zirkus.  |

## Aufgabenkärtchen

| | |
|---|---|
| Meine Mutter mich heute Schule abholen.<br>! | Unsere Lehrerin gestern sein nicht da.<br>! |
| Letzte Woche kommen ein guter Film Fernsehen.<br> | Ich müssen heute früh nach Hause gehen.<br> |
| Du gehen spät Hause.<br> | Ich spielen Fußball Sportplatz.<br> |
| Er sein noch nie Zirkus.<br> | Er trinken Spezi Flasche.<br> |

## Aufgabenkärtchen

| | |
|---|---|
| Ich muss ein Gedicht auswendig lernen.  | Du bist gestern spät ins Bett gegangen.  |
| Wir werden in den Sommerferien nach Italien fahren.  | Ihr habt schon Hausaufgaben gemacht.  |
| Sie malen ein Bild von Paul.  | Ihr hattet keine Lust zu spielen.  |
| Wir haben bald Ferien.  | Wir spielen gerade ein Würfelspiel.  |

## Aufgabenkärtchen

| | |
|---|---|
| Du gehen gestern Bett. ! | Ich müssen ein Gedicht auswendig lernen. ! |
| Ihr machen schon Hausaufgaben. ! | Wir fahren Sommerferien Italien. ! |
| Ihr haben keine Lust zu spielen. ! | Sie malen ein Bild Paul. ! |
| Wir spielen gerade Würfelspiel. ! | Wir haben bald Ferien. ! |

# 4. Kreatives Schreiben

## Didaktische Vorbemerkungen

Das Kreative Schreiben wird oft mit dem Freien Schreiben gleichgesetzt oder verwechselt.
Freies Schreiben in seiner Reinform hieße, dass das Kind selbst darüber entscheidet, zu welcher Zeit es wo, eventuell mit wem, worüber und in welcher Form schreiben möchte. Seinen Platz hat diese Methode innerhalb der Freiarbeit. Dazu kann es sich die Lehrkraft zur Aufgabe machen, den Wunsch des Kindes, schreiben zu wollen, ernst zu nehmen und zu wecken. Entsprechende Unterrichtsmaßnahmen schaffen Grundlagen und bieten Rahmenbedingungen, die es Kindern ermöglichen, selbstständig zu freien Texten zu finden. Dies ist natürlich auch innerhalb der Auseinandersetzung mit der Lektüre möglich.
Eine Möglichkeit, Schüler mit verschiedensten Formen des Texteverfassens vertraut zu machen, ist das Kreative Schreiben. Dabei erhalten die Schüler Impulse und Vorschläge, die sie zu eigenen Textproduktionen führen.
Die folgenden Seiten bieten Anregungen und geben inhaltliche oder formale Hilfestellungen, die es erleichtern, auf der Grundlage des Buches Schreibideen zu entwickeln und kreativ umzusetzen. Dabei lassen sich zwei Herangehensweisen unterscheiden: Zum einen gibt es die Möglichkeit, von der Lektüre ausgehend eigene Texte zu verfassen. Dabei kann eine gelesene Textstelle zum Beispiel weitergeführt, umgearbeitet, hinterfragt oder ergänzt werden. Zum anderen können Schreibanlässe zu Schülertexten führen, die sich thematisch oder formal in der Ganzschrift wiederfinden.
Dies sind durchaus auch Methoden des handlungs- und produktionsorientierten Literaturunterrichts, der sich jedoch die Annäherung an den literarischen Text zum Ziel setzt.
Das Kreative Schreiben hat den Schülertext im Fokus und gibt sich im Regelfall nicht mit der bloßen Textproduktion zufrieden. Einerseits werden Formen der Überarbeitung, wie zum Beispiel Schreibkonferenzen, eingeübt und später selbstständig genutzt, andererseits ergeben sich vielfältige Möglichkeiten der Präsentation, die auch in die Zusammenstellung eines Schülerportfolios münden können.

## Impulse und Ideen für die Lehrkraft

Die in diesem Bereich vorgestellten Arbeitsaufträge sind so formuliert, dass die Schüler selbstständig damit umgehen können.
Für die Texte, die bei dieser Arbeit entstehen, gilt, was bereits einleitend für Kapitel 2 (Gedichte) dargestellt wurde (vgl. S. 25–26).

Weitere Ideen für Schreibimpulse:

- Die Fantasiegeschichte vom Straßenbahnschiff bricht auf Seite 20 oben ab und kann von dieser Stelle an fortgesetzt werden.
- Pauls Zirkusbesuch kann eine gute Anregung dafür sein, dass Kinder ihre eigenen Zirkuserlebnisse erzählen oder aufschreiben.
- „Es vergeht keine Stunde ohne einen Tadel, es regnet Vieren und Fünfen, und alle Lehrer schimpfen mit Paul.“ Die Situation, die auf Seite 41 ihren Höhepunkt erreicht, eignet sich für die Umsetzung in personale Textsorten wie zum Beispiel Tagebucheintrag, Brief, innerer Monolog.
- Pauls Eltern leiden sehr unter seinem Verhalten (vgl. z. B. Seite 47). Auch aus ihrer Perspektive können Texte entstehen.
- Vielologs Gedicht und das dazugehörige Bild auf Seite 49, das Paul mit nur einem Bein darstellt, eignen sich hervorragend als Schreibimpuls.
- An verschiedenen Stellen wird deutlich, dass Paul nicht Vielologs einziger Kunde ist. Die Schüler können Parallelgeschichten über andere Opfer erfinden.

# Wolken erzählen Geschichten

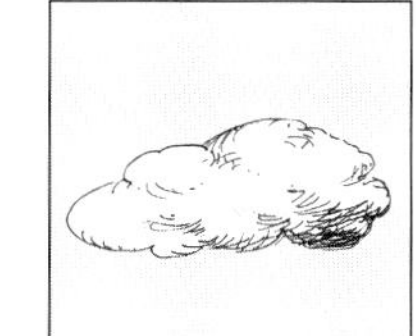

Du hast sicher schon einmal die Wolken beobachtet. Keine Wolke sieht aus wie die andere und vieles kann man in ihnen entdecken.

1. Suche dir draußen einen Platz, der dir richtig gut gefällt und wo du dich vielleicht auch auf den Boden legen magst.
2. Nimm dir Zeit, den Himmel mit all den verschiedenen Wolken zu betrachten und lass dich überraschen. Was kannst du erkennen? Fliegende Häuser, Bratpfannen, Ameisenbären oder Hamburger? Verändern sie sich? Berühren sie sich?
3. Wenn du genug gesehen hast, notiere alle deine Wolkenwörter.
4. Überlege nun, ob du daraus eine Geschichte oder ein Gedicht machen möchtest. Vielleicht willst du auch lieber einen Brief über das Gesehene schreiben?
5. Wenn du mit deinem Text zufrieden bist, übertrage ihn auf ein passendes Blatt und gestalte es fantasievoll.

M2

# Hilfe, Pauls Träume sind weg

„Paul schläft in der heißen Sonne ein. Er träumt aber gar nichts. Er wacht auf und fragt sich, wie lange er nicht mehr richtig geträumt hat. Eine Woche? Oder schon zwei?“ (Seite 41/42)

Du musst bis Seite 42 gelesen haben.

1. Überlege, wo Pauls Träume abgeblieben sind.
   - Haben sie Paul verlassen?
   - Hat sie jemand geklaut?
   - Werden sie von jemand anderem geträumt?

   Dir fallen vielleicht noch andere Möglichkeiten ein.
2. Überlege nun, ob du daraus eine Fantasiegeschichte, einen Krimi oder einen Comic machen möchtest.
3. Notiere dir zunächst Stichworte und erzähle deine Geschichte einem Mitschüler.
4. Wenn deine Geschichte euch beiden gefällt, schreibe sie auf.

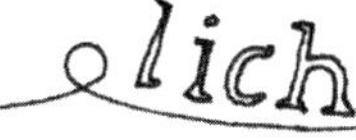

## M3 Alleinsein

Kennst du das? Du bist alleine und fühlst dich einsam.

Du musst bis Seite 30 gelesen haben.

1. Schau die Zeichnung von Paul auf Seite 30 an. Sieh genau in sein Gesicht. Achte darauf, wie er daliegt und was er tut.
2. Wähle eine der folgenden Schreibaufgaben:
   A Wie fühlt sich Paul? Was schreibt er abends in sein Tagebuch?
   B Schreibe einen Brief an Paul.
   C Erzähle, wie es dir einmal ähnlich erging.
   D Lies bis „Er langweilt sich“. Schreibe, was passieren könnte, damit sich Paul nicht mehr einsam fühlt.

## M4 Schreibspiel: Auf Wörterfang im Sprachabschneider

Suche dir einen Partner, mit dem du dieses Spiel spielen willst, bei dem eine oder zwei Geschichten entstehen.

1. Einem von euch werden die Augen verbunden. Er bekommt einen Bleistift.
2. Der andere öffnet den „Sprachabschneider“ an einer beliebigen Stelle.
3. Nun zielt der erste mit dem Bleistift auf die Seite. Das getroffene Wort muss der Sehende aufschreiben. Das wiederholt ihr noch vier Mal.
4. Nun denkt ihr euch zusammen eine Geschichte mit den fünf Wörtern aus und schreibt sie auf. Natürlich kann auch jeder von euch eine eigene Geschichte schreiben, die ihr euch hinterher vorstellt.
5. Tauscht anschließend die Rollen.

## M5 Wörter verkaufen

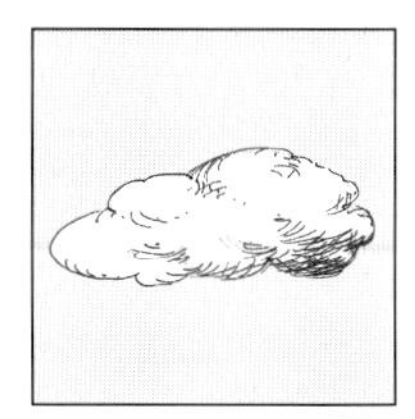

Vielleicht triffst du eines Tages den Sprachabschneider?
Du bist schlau und schlägst ihm ein Geschäft vor.

1. Welche Wörter oder Buchstaben würdest du ihm verkaufen?
2. Was würdest du dafür verlangen?
3. Setze einen Vertrag auf, den ihr beide unterschreiben würdet.

# M6 Auf Kundenfang

Willst du Vielolog helfen, weitere Kunden zu gewinnen?

1. Überlege dir zuerst, womit Vielolog Kinder überzeugen kann und denke dir einen Werbespruch aus.
2. Gestalte deine Ideen auf dem Plakat. Achte dabei auf Schrift und Farbe.

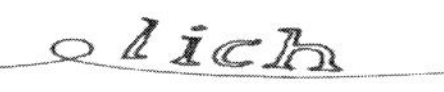

# 5. Darstellendes Spiel

## Didaktische Vorbemerkungen

Das darstellende Spiel setzt es sich zur Aufgabe, einen literarischen Text in szenische Ausdrucksformen umzuarbeiten. Dabei werden sowohl ästhetische als auch personale und soziale Ziele verfolgt.
Ästhetisch meint in diesem Zusammenhang, dass die Methode stets auch das entstehende Produkt im Blick hat. Wobei es sich hierbei um eine kleine Präsentation einzelner Szenen und Texte als auch um eine Theateraufführung des gesamten Werks handeln kann. Auch der Rahmen kann vom Deutschunterricht im Klassenzimmer bis hin zum abendfüllenden Programm vor großem Publikum reichen.
Auf der Ebene der personalen Ziele muss die Thematik so angelegt sein, dass sie den Schülern ein Spiel mit Fremdem und Eigenem ermöglicht. Sie sollen die Chance haben, sich mit Erfahrungen einzubringen und daran wachsen zu können. Es geht somit um die Förderung nonverbaler und verbaler Kommunikationsfähigkeit und darüber hinaus um die Stärkung der gesamten Persönlichkeit.
Und schließlich sind neben ästhetischen und personalen Zielen auch soziale Ziele im Gruppenprozess des Darstellens und des darstellenden Spielens verwirklicht, ohne den eine produktorientierte Projektarbeit kaum vorstellbar wäre. Die Zusammenarbeit im Spiel setzt Dinge wie Vertrauen, Kritikfähigkeit, Toleranz, Kooperation voraus, trägt aber auch zu deren Entwicklung bei.

Der „Sprachabschneider" bietet vielfältige Zugangsweisen zu dieser Unterrichtsform. Dabei kann einerseits der Text als Vorlage für gespielte Szenen oder szenisches Vortragen dienen, andererseits können von ihm ausgehend neue Situationen oder Handlungsstränge entwickelt werden.

## Impulse und Ideen für die Lehrkraft

Die folgenden Vorschläge für den Unterricht sind so aufgebaut, dass einige für einzelne kleine Übungsphasen des darstellenden Spiels eingesetzt werden können, andere dagegen bestimmte Grunderfahrungen mit dieser Methode voraussetzen. Es muss im Ermessen der Lehrkraft bleiben, welche Aufgaben den Schülern in welcher Phase der Lektüre zugemutet werden können. Dabei könnte es sinnvoll und hilfreich sein, immer wieder verschiedene Übungen der Theaterpädagogik voranzustellen oder zwischenzuschalten, die in diesem Rahmen nicht aufgeführt werden können. Im Anhang findet sich Literatur, die dafür Anregungen bietet (vgl. S. 82).
Die Kopiervorlagen sind teilweise so strukturiert, dass zu den Arbeitsanweisungen mehrere, unterschiedliche Textvorlagen und damit verbundene Aufgaben gehören. Der Rahmen, innerhalb dem eine geübte Szene vorgestellt wird, ist grundsätzlich nicht vorgegeben. So steht es der Lehrkraft frei, die Bedürfnisse der Kinder und die Organisationsformen des Unterrichts zu berücksichtigen. Dennoch sollte möglichst jeder Präsentation ein Feedback durch die Mitschüler und den Lehrer folgen. Formen der wertschätzenden Rückmeldung und Kritik müssen eingeübt werden.

Weitere Ideen zum darstellenden Spiel:

- Die Beziehungen zwischen den einzelnen Personen der Lektüre sowie ihre innere Gestimmtheit lassen sich gut als Standbilder darstellen. Es wäre sinnvoll, diese Methode immer wieder anzuwenden, um die Veränderungen im Laufe des Geschehens sichtbar und erlebbar zu machen.
- Eine Alternative dazu, bei der jeder Schüler aktiv wird, ist folgende Methode: Die Schüler werden aufgefordert, sich immer wieder einmal in Paul hineinzuversetzen und seine Gefühle in Gestik und Mimik umzusetzen.
- Es wäre auch möglich, Experimente im nonverbalen Bereich zu machen. Dazu müssen sich die Schüler über einen gewissen Zeitraum ohne Worte verständigen.
- Im Rahmen eines Improvisationsspiels mit der ganzen Klasse versucht jeweils ein Kind, als Vielolog möglichst viele neue Kunden zu gewinnen.

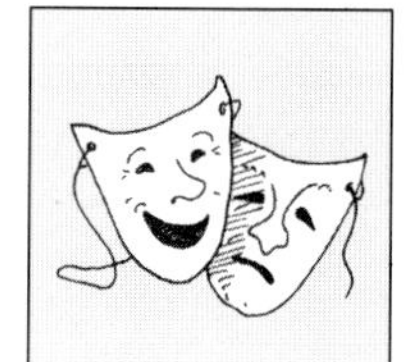

# M1 Vielologs Lied

Paul begegnet zum ersten Mal dem Sprachabschneider.

Du musst bis Seite 22 gelesen haben.

1. Sieh dir das Bild auf Seite 21 im Buch genau an und stelle es nach. Überlege dir, welche Requisiten du dazu brauchst und besorge sie dir.
2. Nun übe das Lesen des Gedichts auf Seite 22. Unbekannte Wörter musst du zuerst klären (Wörterbuch, Mitschüler, Lehrer).
3. Wenn du es flüssig lesen oder sogar auswendig kannst, probiere aus, es auf ganz verschiedene Arten zu betonen:
   - wie eine alte Hexe,
   - wie ein Nachrichtensprecher,
   - wie ein geschickter Verkäufer,
   - ...
4. Wenn du die beste Art zu sprechen gefunden hast, führe deinen Vielolog deinem Publikum vor.

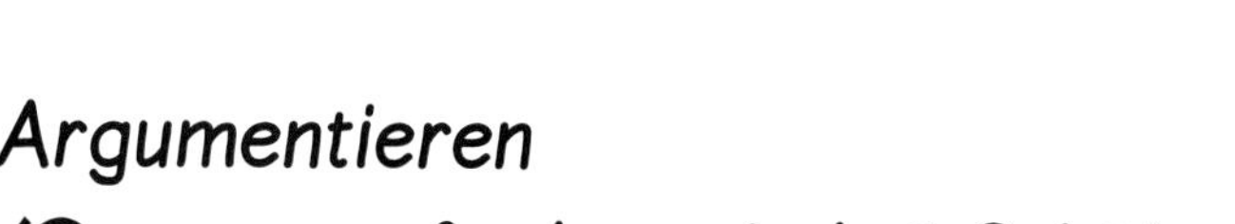

# M2a Argumentieren (Gruppenaufgabe: mind. 6 Schüler)

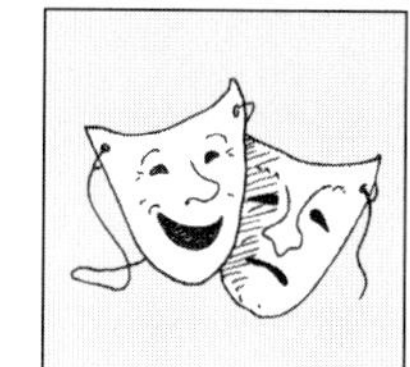

Paul steht vor einer schwierigen Entscheidung. Soll er sich auf das Tauschgeschäft mit Vielolog einlassen?

Ihr müsst bis Seite 24 gelesen haben.

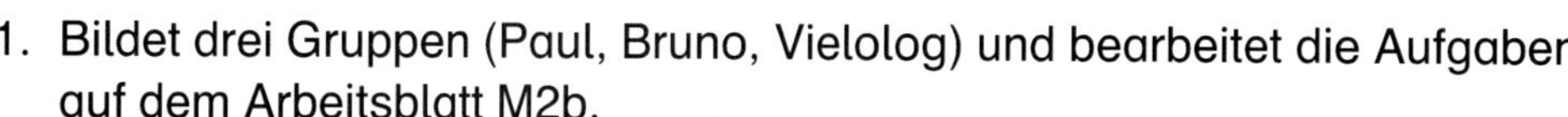

1. Bildet drei Gruppen (Paul, Bruno, Vielolog) und bearbeitet die Aufgaben auf dem Arbeitsblatt M2b.
2. Findet euch dann mit euren Stichwortzetteln in einem Kreis zusammen. Setzt eine Person aus jeder Gruppe in die Mitte.
3. Nun spielen die drei in der Mitte (Paul, Bruno, Vielolog) ein Gespräch, in dem sie Paul überzeugen wollen. Wer hat die besten Argumente?

# Argumentieren (Gruppenaufgaben)

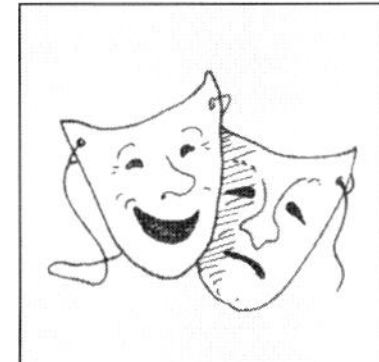

Gruppe A:

**Ihr schlüpft in Vielologs Rolle**

Ihr wollt Paul unbedingt davon überzeugen, dass es gut ist, wenn er euch seine bestimmten Artikel und Präpositionen gibt, und ihr dafür eine Woche seine Hausaufgaben erledigt.

1. Überlegt euch gute Gründe, die Paul überzeugen.
2. Schreibt für jeden Grund ein Stichwort auf ein Kärtchen.
3. Überlegt, wer nachher im Sitzkreis Vielolog spielt. Die anderen dürfen helfen.

Gruppe B:

**Ihr schlüpft in Brunos Rolle**

Ihr wollt Paul unbedingt davon überzeugen, dass es nicht gut ist, wenn er Vielolog seine bestimmten Artikel und Präpositionen gibt, nur um dafür eine Woche keine Hausaufgaben machen zu müssen.

1. Überlegt euch gute Gründe, die Paul überzeugen.
2. Schreibt für jeden Grund ein Stichwort auf ein Kärtchen.
3. Überlegt, wer nachher im Sitzkreis Bruno spielt. Die anderen dürfen helfen.

Gruppe C:

**Ihr schlüpft in Pauls Rolle**

Ihr wisst nicht, was ihr tun sollt. Wollt ihr Vielolog eure bestimmten Artikel und Präpositionen geben, um eine Woche keine Hausaufgaben zu haben?

1. Überlegt euch Gründe, die dafür sprechen und überlegt, was dagegen spricht.
2. Schreibt für jeden Grund ein Stichwort auf ein Kärtchen.
3. Überlegt, wer nachher im Sitzkreis Paul spielt. Die anderen dürfen helfen.

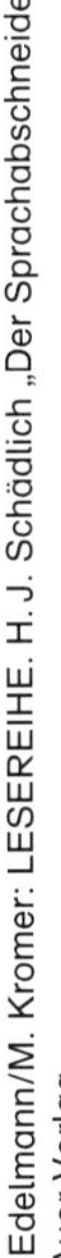

# Was die Paul-Sprache anrichtet (Gruppenaufgabe: mind. 4 Schüler)

Paul hat seine Präpositionen und die bestimmten Artikel an Vielolog verkauft. Seine neue Sprache richtet ein ganz schönes Durcheinander an.

Ihr müsst bis Seite 24 gelesen haben.

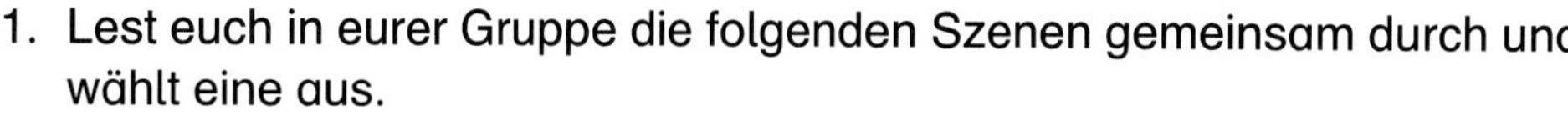

1. Lest euch in eurer Gruppe die folgenden Szenen gemeinsam durch und wählt eine aus.
2. Verteilt die Rollen.
3. Jeder liest nun seinen Teil und lernt ihn auswendig.
4. Übt eure Szene gemeinsam und stellt sie anschließend eurem Publikum vor.

**Szene 1:**

Auf dem Pausenhof

ERZÄHLER: Dieser Tag beginnt eigentlich ganz harmlos. Als Paul in die Schule kommt, stehen einige seiner Mitschüler schon auf dem Pausenhof.

SCHÜLER 1: Guten Morgen, Paul. Wie bist du denn heute in die Schule gekommen?

PAUL: Na, wie jeden Morgen: Ich bin ... Straßenbahn gefahren. Nur heute war ... Straßenbahn sehr voll. Ich kam fast nicht ... Abteil. Doch dann habe ich mich ... zwei dicke Männer gequetscht, dann ging's. Aber ich war froh, als ich ... Straßenbahn aussteigen konnte.

SCHÜLER 1: Hä?

SCHÜLER 2: Sag mal, Paul, wie fandest du eigentlich die Hausaufgaben?

ERZÄHLER: Nun kommt Paul ins Schwitzen. Er stottert:

PAUL: Ähm, tja, also, ich fand ... Hausaufgaben nicht schwer.
Ich habe ... Hausaufgaben ... Mittagessen gemacht.

SCHÜLER 2: Hä?

ERZÄHLER: Die beiden Mitschüler gehen kopfschüttelnd ins Klassenzimmer.

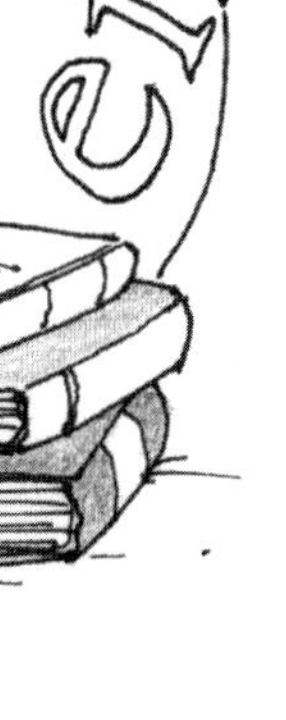

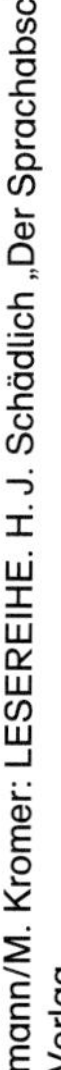

# Was die Paul-Sprache anrichtet (Fortsetzung)

**Szene 2:**

Auf dem Nachhauseweg

| | |
|---|---|
| Erzähler: | Auf dem Nachhauseweg unterhält sich Paul mit seinem besten Freund Bruno. Bruno fragt ihn: |
| Bruno: | Paul, hast du noch Lust auf ein Eis? |
| Paul: | Ja. Wir könnten doch … Eisdiele gehen. |
| Bruno: | Hä? |
| Paul: | Ähm, ich meine, ich möchte doch nicht … Eisdiele. Ich habe Bauchschmerzen. Ich glaube, ich gehe lieber … Hause und lege mich … Bett. |
| Bruno: | Wie? |
| Erzähler: | Bruno bleibt ratlos stehen und kratzt sich am Kopf, während Paul schnell nach Hause läuft. |

**Szene 3:**

Zu Hause

| | |
|---|---|
| Erzähler: | Am Abend ruft Pauls Mutter zum Abendessen. |
| Mutter: | Was hast du denn heute gemacht, Paul? |
| Paul: | Och, ich war … Fußballtraining. |
| Erzähler: | Pauls Mutter starrt Paul an, sagt aber nichts. Stattdessen fragt ihn sein Vater: |
| Vater: | Hat dir das Training heute Spaß gemacht? |
| Paul: | Ja, wir sind … Training heute ganz schön viel gelaufen, da bin ich … Puste gekommen. Und einen Ball habe ich … Tor getroffen. |
| Erzähler: | Nun bekommt auch Pauls Vater den Mund vor Staunen nicht mehr zu. Paul verschwindet still und leise in seinem Zimmer. |

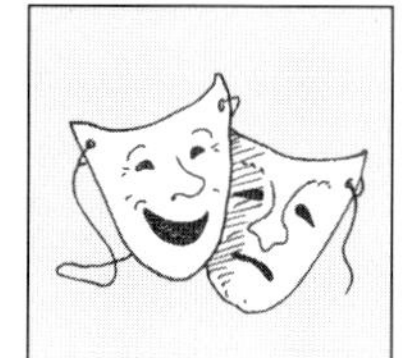

## Paul geht einkaufen (Gruppenaufgabe: 3 Schüler)

Es wird immer schwieriger für andere, Paul zu verstehen. Als ihn seine Mutter zum Einkaufen schickt, wird es problematisch.

Ihr müsst bis Seite 46 gelesen haben.

1. Lest in eurer Gruppe noch einmal Seite 43–46 gemeinsam durch und klärt unbekannte Wörter (Wörterbuch, Mitschüler, Lehrer).
2. Verteilt die Rollen (Paul, Mutter, Verkäuferin) und übt die beiden dargestellten Szenen. Dabei ist es nicht wichtig, sich alles Wort für Wort zu merken.
   Tipp: Ihr könnt die Szenen durch weitere Sätze ergänzen, sodass sie noch spannender werden. Achtet dabei besonders auf die Paul-Sprache.

## Sorgen um Paul (Gruppenaufgabe: 2–3 Schüler)

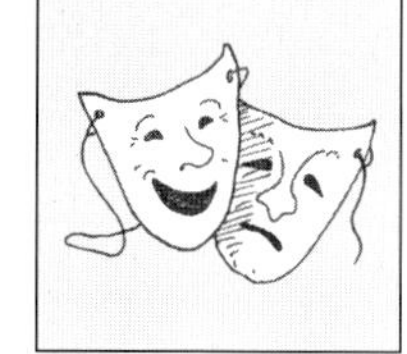

Nicht nur Bruno macht sich Gedanken um Paul. Auch seine Eltern und Lehrer sind sehr besorgt, weil sie Paul immer schlechter verstehen können.

Ihr müsst bis Seite 47 gelesen haben.

1. Überlegt in eurer Gruppe, ob ihr in die Rolle der Eltern oder der Lehrer schlüpfen möchtet.
2. Notiert euch Stichworte, worüber sich Pauls Eltern oder Lehrer unterhalten könnten, zum Beispiel:
   - Paul hat sich total verändert!
   - Will er uns ärgern?
   - Ist er krank?
   - Seine Noten werden auch immer schlechter. Wer weiß, ob er die Klasse schafft!
   - Bald hat er keine Freunde mehr!
   - Wie können wir ihm bloß helfen?
3. Verteilt die Rollen und übt eure Szene.
4. Stellt sie einem Publikum vor.

# 6. Fächerverbindendes Arbeiten

## Didaktische Vorbemerkungen

Beim fächerverbindenden Arbeiten bleiben die Fächergrenzen als solche durchaus, auch aus der Sicht der Schüler, erhalten. Eine Verzahnung der Fächer entsteht jedoch durch ein übergeordnetes Thema oder Ziel, zu dem verschiedene Fächer ihre Beiträge bringen.

Die Lektüre einer Ganzschrift bietet oftmals die Möglichkeit, ihr Thema auch in anderen Fächern aus deren jeweiligem Blick zu betrachten. Dies sollen die folgenden Ideen und Vorschläge ermöglichen.

Das Fach Bildende Kunst bietet grundsätzlich verschiedene Zugänge. Zum einen kann über ein Motiv gearbeitet werden, dessen Vorgabe alleine jedoch niemals das eigentliche bildnerische Problem darstellen soll. Denn es geht in erster Linie nicht darum, etwas einfach nur abzubilden, sondern darum, einen kreativen Problemlösungsprozess zu durchlaufen. Dabei ist der Prozess als solcher ebenso wichtig wie sein Produkt. Anregend kann es für die Schüler vor allem sein, diesen Prozess mit den verschiedensten Materialien und Techniken anzugehen.

Wenn es um die sogenannte Kunstbetrachtung geht, gibt es grundsätzlich zwei Herangehensweisen: Das Werk des Künstlers kann der Eigenproduktion voran- oder nachgestellt sein. Beim Voranstellen ist in besonderer Weise darauf zu achten, dass sich entweder Motiv oder Technik der Eigenleistung vom Original deutlich abheben.

Das Fach Musik vereinigt in sich vier große Bereiche: Singen (M5a–M6), Musizieren (M7a–7b), Musik hören (M8) und Musik und Bewegung (M9). Diese Bereiche gilt es im Unterricht gleichermaßen zur Geltung zu bringen, wobei die Interessen und Vorlieben der Schülerinnen und Schüler gerade in diesem Fach besonders berücksichtigt werden können. Falsch wäre allerdings eine stetige Überbetonung eines Bereiches wie zum Beispiel das ausschließliche Liedersingen. Innerhalb der Bereiche können vielfältige Verzahnungen stattfinden, und stets ist die Freude an der Musik übergeordnetes Ziel.

Wie auch im Bereich der Bildenden Kunst ist es im Fach Musik von größter Wichtigkeit, den Kindern Impulse zur Reflexion ihrer und fremder bildnerischer/musikalischer Werke zu geben, um ein Gespür für bildnerische/musikalische Qualität zu entwickeln.

## Impulse und Ideen für die Lehrkraft

In den künstlerischen Fächern kann es sinnvoll sein, manche der vorgestellten Aufgaben nicht in der Freien Arbeit einzusetzen, sondern zwei bis drei Unterrichtsstunden im Klassenverband entlang der Aufgaben zu planen.
Für den Bereich Bildende Kunst ist dabei vor allem an den Aufwand im Umgang mit dem Material zu denken, dem vor allem jüngere Schüler nicht ohne Weiteres überlassen werden können. Im Bereich Musik gilt dasselbe für das Einüben von Liedern, mit dem viele Schüler überfordert sind. Dennoch ist nicht auszuschließen, dass es Kinder gibt, die in Einzelarbeit zurechtkommen. So wäre es beispielsweise denkbar, während der Lektüre eine Druck- und Malecke oder einen Musikbereich einzurichten, die beide in Phasen freien Arbeitens besucht werden können.
Die Aus- und Umgestaltung zufällig entstandener grafischer Strukturen wie beim Zeitungsknäueldruck (M2) fördert die Kreativität und Problemlösungsfähigkeit.
Nicht zu vergessen ist hier der Hinweis, dass die im Bereich „Sprache entdecken“ entstehende Klassenausgabe des Sprachabschneiders (s. S. 40) natürlich nach und nach auch illustriert werden kann.
Das Sprachabschneider-Sprechstück (M5) bietet viele Möglichkeiten, auch den Schülern Freude am Singen zu bereiten, die sonst Schwierigkeiten haben, eine Melodie zu halten. Zudem ist es Rhythmustraining und festigt Grundkenntnisse im Bereich der Notenwerte.
Im Bereich Musizieren (M6a–6b) ist es wichtig, vor der Bearbeitung der Aufgabe M6a gemeinsam mit den Schülern die Orff-Instrumente und deren vielseitige Klangmöglichkeiten zu klären. Auf genaue Begrifflichkeiten und vor allem Handhabung der Instrumente ist unbedingt zu achten.
M9 bezieht sich auf das Stück „Morgenstimmung“ aus der „Peer Gynt-Suite“. Besorgen Sie sich hierfür das Hörbeispiel. Peer Gynt erlebt auf dem Berg einen Sonnenaufgang. Möglich wäre es, vier Bilder eines Sonnenaufgangs zeichnen und diese beim Hören passend zur Musik in die Mitte legen zu lassen.

M1

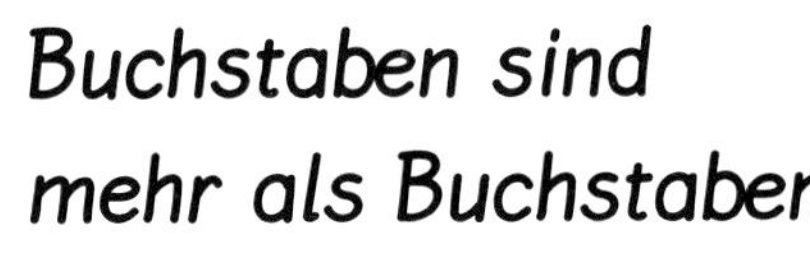

# Buchstaben sind mehr als Buchstaben

Hast du Lust, dir ein eigenes Lesezeichen zu basteln?
Dazu brauchst du:

- ein farbiges Blatt Papier DIN A4,
- mindestens eine Zeitschrift,
- Schere,
- Klebstoff.

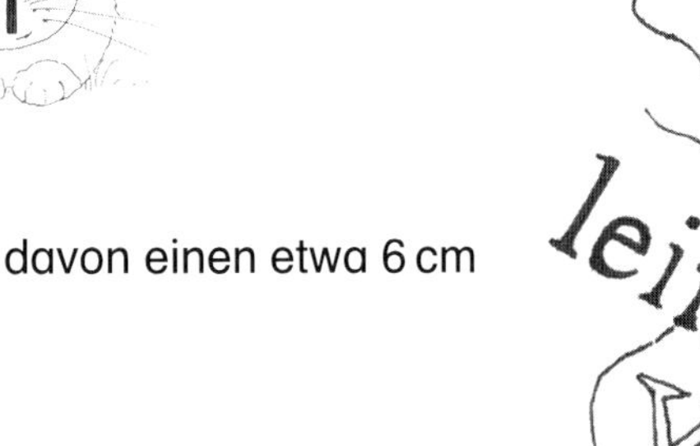

1. Nimm das Blatt quer und schneide dir davon einen etwa 6 cm breiten Streifen ab.

2. Nun geh auf die Suche: Buchstaben haben die unterschiedlichsten Formen. Und wenn du genau hinschaust, dann kannst du erkennen, dass manche aussehen wie ein Arm oder Kopf, eine Nase vielleicht oder ein Schuh …

3. Schneide die für dich interessanten Buchstaben sauber aus.

4. Setze nun deinen eigenen Buchstabenmann oder eine Buchstabenfrau zusammen. Vielleicht führen sie auch gerade einen Buchstabenhund spazieren? Lass deiner Fantasie freien Lauf.

5. Wenn dir deine Zusammenstellung gefällt, klebe sie auf den Papierstreifen.

6. Dein Lehrer wird dir das Lesezeichen folieren, damit es stabil ist und du viele Bücher damit lesen kannst.

7. Wenn ihr mögt, organisiert eine Lesezeichenausstellung in eurem Klassenzimmer.

# M2 Wolkenbilder drucken

Wenn du genau wie Paul in den Wolken Bilder entdecken willst, besorge dir:

- blaues Tonpapier,
- weiße Farbe oder Deckweiß,
- Glasplatte und Druckwalze,
- eine große Zeitungsseite,
- einen dicken Pinsel,
- einen schwarzen Filzstift.

1. Walze etwas von der weißen Farbe auf der Glasplatte aus.
2. Knülle das Zeitungspapier fest zusammen und nimm es als Stempel in die Hand.

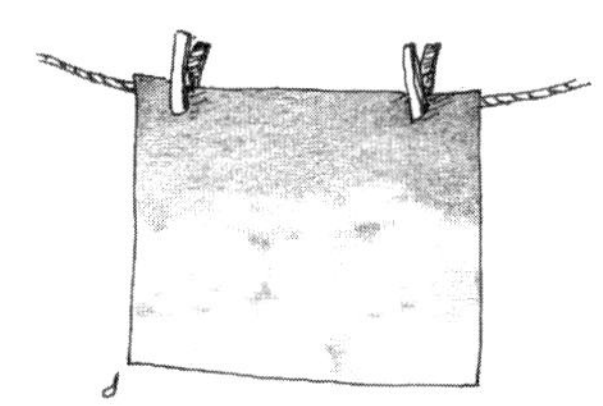

3. Stemple mit der weißen Farbe große Wolken auf das Tonpapier. Denke daran, auch über den Rand hinaus zu drucken und lass genug blauen Himmel frei.
4. Lass dein Himmelbild trocknen.

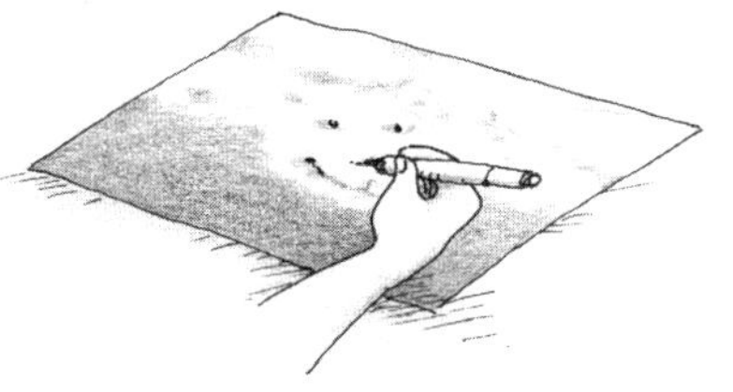

5. Schau nach einer Weile deinen Druck mit „neuen Augen" an, drehe ihn vielleicht einmal rundum. Was kannst du erkennen?
6. Nimm den Filzstift und ergänze **nur so viel**, dass auch ein anderer Betrachter sehen kann, was du gefunden hast.
7. Suche einen schönen Platz im Klassenzimmer für dein Wolkenbild.

# Einen Comic zeichnen

M3

Auf der Rückseite deines Sprachabschneiderbuches ist ein Comic zu finden. Vielleicht macht er dir Lust darauf, einen eigenen Comic zu zeichnen? Du brauchst:

- ein DIN-A4-Konzeptblatt,
- ein DIN-A3-Blatt,
- Bleistift und Radiergummi,
- einen schwarzen Filzstift,
- Buntstifte.

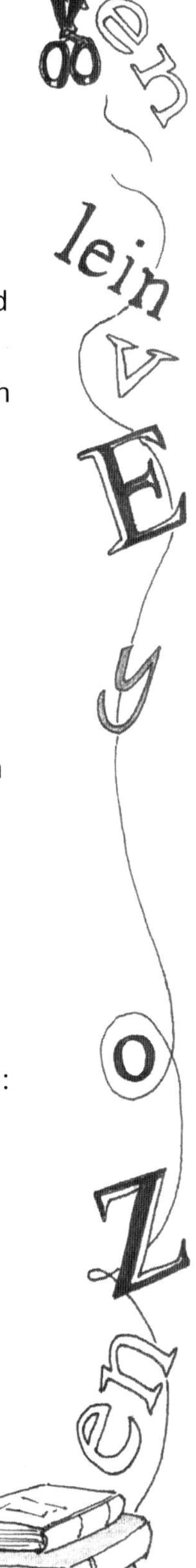

1. Suche dir eine Szene aus dem Buch aus, die du umsetzen möchtest und lies sie noch einmal aufmerksam durch.
2. Überlege dir gut, wie viele Bilder du brauchst, um die Szene verständlich darzustellen und teile dein Konzeptblatt in entsprechend viele Felder ein. Sie müssen nicht unbedingt gleich groß sein. Ein wichtiges Bild kann z. B. größer sein.
3. Nun mache dir ein paar Stichworte in die Kästchen:
   - Wer muss in dem Bild auftauchen?
   - Was tun die Figuren?
   - Wie viele Sprech- oder Denkblasen benötigst du?
4. Nach dieser Planung kannst du das Raster auf dein großes Blatt übertragen und mit Bleistift Entwürfe zeichnen. Achte darauf, dass dieselben Personen auch immer gleich aussehen und gleich gekleidet sind.
5. Wenn du zufrieden bist, fahre alle Linien mit schwarzem Filzstift nach und lass ihn gut trocknen.
6. Male deinen Comic dann mit passenden Farben aus und denke wieder daran, dass die Personen in der ganzen Geschichte dieselbe Kleidung tragen.
7. Vielleicht macht ihr aus verschiedenen Comics in eurer Klasse ein Buch: den Sprachabschneidercomic. Oder du hängst deine Bildergeschichte für deine Mitschüler im Klassenzimmer auf.

# Über den Wolken: Gemeinsam singen

Paul ist ein Träumer. Es gibt viele Lieder, die vom Träumen erzählen und in denen oft Wolken als Symbol für Freiheit und freie Gedanken auftauchen. Ein solches Lied ist zum Beispiel „Über den Wolken“ von Reinhard Mey.
Hast du es schon einmal gehört oder vielleicht sogar gesungen?

1. Von diesem Lied gibt es verschiedene Versionen. Versucht in Gruppen, diese Versionen zu finden, mitzubringen und gemeinsam anzuhören. Wodurch unterscheiden sich die verschiedenen Fassungen? Sprecht darüber.
2. Nun könnt ihr versuchen, das Lied gemeinsam zu singen. Schafft ihr es, es auch in verschiedenen Versionen vorzutragen?

Den Songtext findest du im Internet z. B. unter:
www.reinhard-mey.de/start/texte/alben/über-den-wolken

M4b

# *Über den Wolken: Gemeinsam träumen*

Es gibt viele Lieder, die vom Träumen erzählen und in denen Wolken als Symbol für Freiheit und freie Gedanken auftauchen.

1. Erkundigt euch im Internet nach dem Lied „Über den Wolken“.
2. Reinhard Mey hat „Über den Wolken“ geschrieben. Findet ihr denn auch Informationen/Bilder/weitere Lieder von ihm? Und findet ihr auch Informationen über den Sänger der Coverversion?

Nicht nur das Lied „Über den Wolken“ handelt von Träumen, von Gedanken und von Freiheit.

1. Welche weiteren Lieder fallen euch zu diesen Themen ein (z. B. „We have a dream“, „Die Gedanken sind frei“, „Freiheit“ …)?
2. Sucht diese Lieder (in Liederbüchern, im CD-Schrank, im Internet …) und versucht, sie gemeinsam zu hören oder auch zu singen.

# M5 Das Sprachabschneider-Sprechstück

Was der Sprachabschneider so alles anstellt: Paul luchst er Präpositionen, bestimmte Artikel, Verbformen und Konsonanten ab, anderen Kindern Pronomen und bestimmt noch viele andere Teile der Sprache. Und er hat auch noch seinen Spaß dabei!

1. Folgendes Stück könnt ihr gemeinsam als Sprachabschneiderchor aufführen.
2. Ihr könnt das Stück auch in verschiedene Gruppen aufteilen und einen Kanon daraus machen.

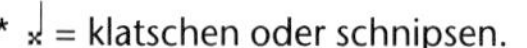
* = klatschen oder schnipsen.

# M6a Szenen musikalisch darstellen

Viele Texte, Gedichte oder Szenen kann man mit Instrumenten verklanglichen. Auch im „Sprachabschneider“ gibt es einige Textstellen, die man mit Orff-Instrumenten darstellen kann.

1. Lies dir die folgenden Szenen nochmals gut durch und wähle eine aus:
   a) Wolkenszene: Seite 10, Zeile 15 – Seite 15
   b) Paulszene: Seite 30 – Seite 32, Zeile 2
   c) Zirkusszene: Seite 36, Zeile 8 – Seite 38, Zeile 15
2. Bildet kleine Gruppen und überlegt gemeinsam, mit welchen Instrumenten ihr eure Szene musikalisch umsetzen könntet.
   Tipp: Auch die Stimme, Hände und Füße sind Instrumente, mit denen man ganz unterschiedliche Geräusche und Laute erzielen kann.
3. Teilt eure Instrumente ein und verteilt auch die Sprechrolle(n). Bei der Sprechrolle/den Sprechrollen könnt ihr entscheiden, ob ihr den Text original vortragen oder vielleicht etwas hinzufügen/weglassen möchtet.
4. Probt eure Verklanglichung und tragt sie der Klasse vor.

# M6b Szenen musikalisch untermalen

Viele Texte, Gedichte oder Szenen wirken eindrücklicher, wenn man passende Hintergrundmusik für sie auswählt.

1. Lies dir die folgenden Szenen nochmals gut durch und wähle eine aus:
   a) Wolkenszene: Seite 10, Zeile 15 – Seite 15
   b) Paulszene: Seite 30 – Seite 32, Zeile 2
   c) Zirkusszene: Seite 36, Zeile 8 – Seite 38, Zeile 15
2. Bildet kleine Gruppen und überlegt gemeinsam, welche Musik zu eurer Szene passen könnte.
3. Geht auf die Suche nach den treffenden Musikstücken (Liederbücher, Bibliothek, CD-Schrank, Internet …).
4. Teilt die Szene in verschiedene Sprechrollen ein. Lest den Text mit der passenden Musik im Hintergrund.
5. Tragt euren Beitrag der Klasse vor.

# Musik hören: Peer Gynt

M7

Paul ist ein Träumer. Er liebt es, in die Wolken zu schauen und seinen Gedanken freien Lauf zu lassen. Es gibt ein altes, norwegisches Märchen, das von einem jungen Mann handelt, der ebenso gerne in den Tag hineinträumt. Dieses Märchen heißt „Peer Gynt“.

1. Lies den Auszug dieser Geschichte.

   Peer Gynt ist ein Bauernsohn und ungefähr 20 Jahre alt. Er lebt mit seiner Mutter auf einem Hof in Norwegen. Am liebsten zieht Peer durch das umliegende Hochgebirge, geht auf Rentierjagd und stellt viele Streiche an. Und: Er ist ein ziemlicher Angeber und prahlt gerne vor anderen und klopft große Sprüche, wie toll er doch sei.
   Eines Tages begibt er sich auf Wanderschaft, und auf seiner Wanderschaft kommt er auch in das Reich des Bergkönigs. In diesem Reich hausen die Trolle und allerhand Fabelwesen. Peer Gynt muss viele fantastische Abenteuer bestehen.
   In dieser Zeit trifft er auf ein Trollmädchen und verliebt sich in sie. Allerdings kann er nicht bei dem Trollmädchen bleiben, da er sich durch seine Angeberei im Reich der Trolle so viele Feinde gemacht hat, dass er weiterziehen muss. Traurig durchwandert er viele Täler und kommt auch ganz hoch ins Gebirge. Dort oben, inmitten der schneebedeckten Berggipfel ist er ganz allein und denkt über sein Leben nach. Und während er das tut, ganz oben auf dem Gipfel des Berges, erlebt er …

2. Der norwegische Komponist Edvard Grieg hat dieses Märchen vertont. Ein sehr berühmter Teil dieser sogenannten „Peer Gynt-Suite“ ist das Stück „Morgenstimmung“. Hör dir nun das Hörbeispiel in aller Ruhe an. Welche Gedanken sind dir beim Hören gekommen?
3. Hör dir das Musikstück ein zweites Mal an und überlege nun, was Peer Gynt dort auf dem Berg erlebt haben könnte.
4. Sprecht gemeinsam über eure Bilder.

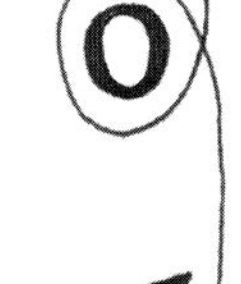

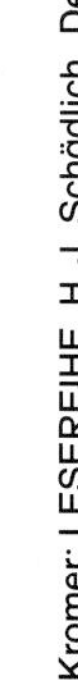

M8

# *Musik und Bewegung: Sprachabschneidertänze*

In dem Buch „Der Sprachabschneider" knattert Vielolog so allerhand Reime und Lieder.

1. Lies dir die Reime auf den Seiten 22, 48 und 49 nochmals gut durch und wähle einen für dich aus.
2. Findet euch in Gruppen zusammen und überlegt euch einen passenden Tanz zu eurem ausgewählten Reim.
3. Verteilt die Rollen: Wollt ihr gemeinsam tanzen und singen/sprechen oder teilt ihr euch in Tänzer und Sänger/Sprecher auf?
4. Probt euren Vortrag.
5. Tragt euren Beitrag der Klasse vor.

Vielleicht möchte sich ja eine Gruppe nicht mit dem Sprachabschneider, sondern mit Paul beschäftigen?

1. Überlegt gemeinsam: In welcher Situation könnte Paul ein Tänzchen aufführen (einen Freudentanz, einen Wuttanz ...)?
2. Versucht, euch diesen Tanz gemeinsam zu erarbeiten.
3. Probt euren Beitrag und führt ihn der Klasse vor.

# Lösungen

## 1. Lesedetektive unterwegs im „Sprachabschneider

### *Seite 9, M3:*

1. „Warum gehst du so früh, Paul?“ (Seite 11)
2. Baum – Elefant – Lokomotive – Bett – Sauerkraut
3. Das Verb dösen bedeutet: wachend träumen, halb schlafen.
4. Die Klingelei erinnert Paul daran, dass die Zeit vergeht und die Schule bald anfängt.
5. Das Verb schlingern bedeutet: hin- und herschwanken, schaukeln.
6. Z. B. moosgrün, grasgrün, türkis, hellgrün, dunkelgrün, pastellgrün
7. Biologie – Mathematik – Russisch – Deutsch – Deutsch – Russisch

### *Seite 10/11, M4a/M4b:*

6.30 Uhr: der große Wecker klingelt; 6.31 Uhr: Paul sieht auf den Wecker; 5 min: Paul frühstückt; 7.00 Uhr: Paul macht sich auf den Schulweg; 7.40 Uhr: Paul steigt aus der Straßenbahn und geht zur Schule

### *Seite 14, M7:*

oben: B, A, C, B = Eisdiele
unten: a) Hausaufgaben, b) klopft, c) Notizblock, d) Präpositionen, Artikel,
e) Pronomen, f) Vielolog, g) Main, h) Hosentasche, i) Zirkus = Sportplatz

### *Seite 15, M8:*

1. Paul, Vielolog, Pauls Mutter, Mitschüler, Lehrer, Direktor
2. Präpositionen und bestimmte Artikel
3. eine Woche Hausaufgaben
4. a) traurig, gelangweilt, unglücklich, unzufrieden, einsam (evtl. weitere begründen)
   b) allein, verlassen, abgesondert, verspottet, gehänselt …

### *Seite 17, M10:*

1. a) „Gut, aber nicht umsonst.“ (Seite 32)
   b) Die Zirkusvorstellung beginnt um 15 Uhr. (Seite 33)
   c) An der Zirkuskasse sagt Paul gar nichts. (Seite 35)
   d) „Am besten gefällst du mir.“ (Seite 36)
   e) „Sein du kleines Knirpschen, müssen du Kindergarten gehen. Oder Mutti Rockzipfel bleiben.“ (Seite 39)
   f) Das Wasser im Schwimmbecken ist so frisch (Seite 42)
2. a) Vielolog öffnet den Koffer, holt ein neues <u>Kästchen</u> heraus, schreibt <u>„Verbformen“</u> und Pauls Namen darauf. (Seite 33)
   b) Paul kann sich vorher die <u>Tierschau</u> ansehen. Vor den <u>Käfigen</u>, in denen die Löwen <u>liegen</u>, trifft Paul <u>seinen Freund Bruno</u>. (Seite 33)
   c) Am Abendbrottisch muss Paul <u>seinen Eltern unbedingt vom Zirkus erzählen</u>. (Seite 36)
   d) „Es geben Trapezkünstler und einen <u>Seiltänzer</u>“, sagt Paul. „<u>Seiltänzer</u> halten jede Hand einen <u>Regenschirm</u>, und <u>seine Schultern tragen er ein Mädchen</u>.“ (Seite 38)

### *Seite 20, M13:*

1. Paul, Vielolog, Pauls Mutter, Verkäuferin
2. 1. Tausch: Präpositionen und bestimmte Artikel, 2. Tausch: Verbformen (außer Infinitiv), 3. Tausch: bei einem Wort, das mit zwei Konsonanten beginnt den ersten Konsonanten
3. zehn Schrippen, vier Bratwürste, eine Tüte Haferflocken, eine Tüte Graupen, ein Tütchen Staubzucker

### *Seite 22, M15:*

1. a) Pauls Mutter ist sehr ärgerlich, weil Paul nichts eingekauft hat. Jetzt muss sie selbst einkaufen gehen, obwohl sie von der Arbeit müde ist.
   b) Ein Ultimatum ist eine letzte Aufforderung, eine Angelegenheit in einer bestimmten Zeit zu lösen (unter der Androhung harter Maßnahmen, falls die Aufforderung nicht eingehalten wird).
   c) Paul muss die Aufgabe, die ihm Vielolog gegeben hat, lösen. Dazu hat er genau einen Tag Zeit – ansonsten bekommt er seine Sprache nicht mehr zurück.
   d) Das Lied erinnert an das Märchen Rumpelstilzchen. Rumpelstilzchen singt im Wald: „Ach wie gut, dass niemand weiß, dass ich Rumpelstilzchen heiß'!"

### *Seite 23/24, M16a/M16b:*

1. Frischer Wortsalat
2. Sauerkraut (14), Stammsyllaben (22), Lastschiff (17), Direktor (29), Sprachabschneider (58), Lätzchen (45), umsonst (32, 42), schimpfen (41)

## 3. Sprache entdecken

### *Seite 46, M8:*

Lieber Vielolog, seit einer Woche bin **ich** ziemlich traurig. **Meine** Eltern und **meine** Freunde machen sich schon große Sorgen um **mich**, weil **ich** nicht mehr richtig sprechen kann. Warum habe **ich dir** nur diese Wörter verkauft? Damals wusste **ich** gar nicht, dass **ich** so viele von ihnen jeden Tag benutze. Und was hab **ich** dafür bekommen? Wie **du mir** versprochen hast, gibt **es** nun jeden Tag Schokoladeneis zum Nachtisch, aber inzwischen kann **ich es** schon nicht mehr sehen. Und sogar **meine** kleine Schwester beschwert sich. Was muss **ich** tun, damit **ich meine** Sprache von **dir** wieder zurückbekomme? **Ich** warte morgen nach der Schule an der Pommesbude auf **dich**. Bitte komm!
**Deine** Olga

### *Seite 48, M10:*

Paul: „Du musst mir helfen! Ich habe einen Mann getroffen."
Bruno: „Wie, du triffst einen Mann? Du bist doch hier!"
Paul: „Nein, ich habe den Mann vor drei Wochen getroffen und habe ihm meine Wörter für Hausaufgaben gegeben."
Bruno: „Du hast ihm Hausaufgaben aufgegeben?
Paul: „Nein! Er hat meine Wörter gekauft und dafür meine Hausaufgaben gemacht!"
Bruno: „Jetzt versteh ich endlich, warum du nicht mehr richtig sprechen kannst."
Paul: „Und das ist schrecklich! Alle lachen mich nur noch aus!"
Bruno: „Du redest eben auch schrecklich lustig, haha!"
Paul: „So lustig ist das gar nicht! Ich brauche dringend deine Hilfe!"

# Literaturnachweis

## Lektüre:

Schädlich, Hans Joachim, Der Sprachabschneider, Copyright © 1980 by Rowohlt Verlag GmbH, Reinbek bei Hamburg

## Weiterführende Literaturempfehlungen:

Bekes, Peter und Reichling, Heinz: Der Sprachabschneider, Arbeitsheft, Schroedel Verlag, Hannover 2002

Grundschulunterricht 42/1995, Cornelsen Verlag

Mettenberger, Wolfgang: Tatort Theater, Deutscher Theaterverlag 2004

Scheller, Ingo: Szenisches Spiel: Handbuch für die pädagogische Praxis, Cornelsen Scriptor, Berlin 2003

## Gedichtbände:

Ausländer, Rose: Gelassen atmet der Tag, Fischer Taschenbuch Verlag, Frankfurt am Main 1992

Ausländer, Rose: Die Sonne fällt, Fischer Taschenbuch Verlag, Frankfurt am Main 1992

Guggenmos, Josef: Katzen kann man alles sagen, Beltz Verlag, Weinheim und Basel 1997

Jandl, Ernst: Idyllen, Luchterhand Literaturverlag, Hamburg 1992

Manz, Hans: Die Welt der Wörter. Sprachbuch für Kinder und Neugierige, Beltz Verlag, Weinheim und Basel 1991 © Hans Manz

Thakmayr, Andreas: Das Wasserzeichen der Poesie oder Die Kunst und das Vergnügen Gedichte zu lesen, Eichborn Verlag, Frankfurt am Main 1990

## Quellennachweise:

S.7: Cover Hans Joachim Schädlich: Der Sprachabschneider © Rowohlt Verlag GmbH.
S.27/28: Manz, Hans: Was Worte alles können; Scheinbare Zeitwörte, aus: Die Welt der Wörter. Sprachbuch für Kinder und Neugierige, Beltz Verlag, Weinheim/Basel 1991 © Hans Manz
S. 32: Ak'abal, Humberto: Trommel aus Stein, übers. von Erich Hackel © 1998 by Unionsverlag, Zürich.
S.33: Hesse, Hermann: Sämtliche Werke, Band 10: Die Gedichte © Suhrkamp Verlag 2002.
S.36: Roderick Cox/Raymond Williams: Highlight 2, English H Band 2 © Cornelsen Verlag, Berlin 1995.

# Jederzeit optimal vorbereitet in den Unterricht?

»